本书系作者在云南民族大学读博期间的科研成果

杨佳鑫 著

社会资本理论
及经典著作解读

九州出版社
JIUZHOUPRESS

图书在版编目（CIP）数据

社会资本理论及经典著作解读 / 杨佳鑫著. -- 北京：九州出版社，2024.4

ISBN 978-7-5225-2812-0

Ⅰ．①社… Ⅱ．①杨… Ⅲ．①社会资本－研究 Ⅳ．①F014.391

中国国家版本馆CIP数据核字(2024)第074487号

社会资本理论及经典著作解读

作　者	杨佳鑫　著
责任编辑	石增银
出版发行	九州出版社
地　址	北京市西城区阜外大街甲 35 号（100037）
发行电话	(010)68992190/3/5/6
网　址	www.jiuzhoupress.com
印　刷	永清县晔盛亚胶印有限公司
开　本	880 毫米×1230 毫米　32 开
印　张	6.75
字　数	160 千字
版　次	2024 年 4 月第 1 版
印　次	2024 年 4 月第 1 次印刷
书　号	ISBN 978-7-5225-2812-0
定　价	58.00 元

目　录

第一章 导 论

第一节 社会资本理论溯源

社会资本（social capital）一词最早出现于学术界是在十九世纪二十年代，后来由于社会资本理论具有强大解释力，因此社会资本作为一种分析工具逐渐被应用到社会学、经济学、政治学、教育学等学科领域，在学界内具有广泛影响。

一、社会资本概念起源

最初，社会资本作为一个理论概念由经济学意义上的资本概念语义深化后演变而来。资本最初仅作为经济学意义上的概念使用，在经济学领域，西方经济学认为资本是一种能够产生效益的生产要素，通过投入生产领域可实现价值增值。在此基础上，马克思定义资本为"能带来剩余价值的价值"，同时又视其社会属性为一种以物为媒介的社会关系，由此做出资本的二重性判定。其中，资本的社会属性体现的是一种以物为媒介的社会关系，反映了生产关系需要的特征。随着经济社会的发展，不同学科领域的学者从不同角度出发对资本进行研究，对资本的研究不断深入并形成了不同的理解，使资本的概念向广义扩展。资本概念的广义扩展为"社会资本"概念的产生奠定了基础。

大多数学者认为，翰尼范（L.J.Hanifan）是最早独立使用"社会资本"概念的学者。1916 年,翰尼范（L.J.Hanifan）在其发表的《乡村学校社区中心》中独立使用了社会资本一词。[①] 虽然，翰尼范（L.J.Hanifan）的一些论述涉及了社会资本的核心要义，比如，他认为个体之间的团结、善意、友情等会对社会发展产生积极作用，因而他倡导重视这种非物质的资源在教育和社会发展中的作用,[②] 但是他并没有对"什么是社会资本"做出清晰而明确的阐释。Colmom 在翰尼范（L.J.Hanifan）的基础之上将社会资本定义为：不是一个单一体，而是有许多种，彼此之间有两个共同之处。

---

① L.J.Hanifan. The Community Center[M].Boston:Silver Burdett, 1920.

② 宋祖豪 . 帕特南社会资本理论研究 [D]. 辽宁师范大学，2021.

法国社会学家皮埃尔·布尔迪厄（Pierre Bourdieu）是最早系统研究"社会资本"并对其概念作出明确定义的学者。1980年，皮埃尔·布尔迪厄（Pierre Bourdieu）在《资本的形式》一文中提出"社会资本"概念并加以解释，后由詹姆斯·S.科尔曼（James S.coleman）、罗伯特·普特南（Robert D.Putnam）等人不断完善而形成了社会资本理论体系。

二、社会资本理论溯源

社会资本理论形成于法国社会学家皮埃尔·布尔迪厄（Pierre Bourdieu）对资本的系统论述中。在皮埃尔·布尔迪厄（Pierre Bourdieu）看来，社会资本与社会网络有着密切联系，"网络"和"资源"是构成社会资本的基础，社会资本是一种可以从中吸取某种资源的社会网络关系，每一个被联系在社会网络中的社会成员均可受益，但受益程度因个人实践能力大小不同而有所区别。为此，皮埃尔·布尔迪厄（Pierre Bourdieu）认为社会资本是"一个社会或群体所具有的现实或潜在的资源集合体，它主要由确定社会或群体成员身份的关系网络所构成。"① 这一观点被称之为社会网络学说，由此观点剖析社会资本的核心内涵可以发现"社会关系"是社会资本的核心要义之一。

根据《辞海》的注释，社会关系是"人们在共同的实践活动过程中所结成的相互关系的总称，可分为物质关系和思想关系两大类，物质关系即生产关系，决定思想关系即政治、法律、道德、艺术、宗教等其他社会关系的性质，而其他社会关系又反作用于生产关系，在有阶级的社会中，许多社会关系表现为阶级关系。"② 很明显，这种解释与马克思社会关系理论具有密切关系。在马克思主义理论中，社会关系是把握马克思科学社会主义理论整体性的关键，在马克思看来，社会关系是人与人之间的一切关系，"一定的社会关系同麻布、亚麻等一样也是人们生产出来的"。③ 通过分析马克思和恩格斯对社会关系的有关论述，可以总结出马克思社会关系理论认为人是社会关系的主体，社会关系是人们在生产生活

---

① Pierre Bourdieu. The Forms of Capital [M], Nice,R.（trans.）. In Richardson, J.（ed.），Handbook of Theory and Research for the Sociology of Education.Westport：Greenwood Press，1986:248.

② 辞海编辑委员会.辞海 [M].上海：上海辞书出版社，1989: 1781.

③ 中共中央马克思恩格斯列宁著作编译局编.马克思恩格斯选集：第一卷 [M].北京：人民出版社，1995:141.

中结成的相互关系，是社会的、物质的、客观实在的，是可再生产的，实践是社会关系的本质，社会关系在人与人的交往活动中展开，在交往活动中人们的社会地位因其占有生产资料的多寡而不同，因此社会关系具有多层次性。

在西方社会资本理论中，例如皮埃尔·布迪尔厄（Pierre Bourdieu）认为社会是客观存在的，詹姆斯·S.科尔曼（James S.coleman）认为行动者通过彼此之间互换资源而获利的过程能增加社会资本等许多观点，与马克思主义社会关系理论有着密切关系。马克思社会关系理论是西方社会资本理论的立论依据，西方社会资本理论把社会资本作为除传统的市场调节与政府宏观调控以外的第三种资源配置方式，在理论上构建一种相对稳定的社会关系网络，是对马克思主义社会关系理论的传承，但在本质上西方社会资本理论无法根本解决复杂的社会矛盾，从这个角度上无法超越马克思主义社会关系理论，两者有着本质的区别。①

---

① 申森.西方社会资本理论与马克思的社会关系理论—— 一种比较研究的视角 [J].沈阳大学学报，2011,2(3).

第二节　社会资本理论研究现状

关于社会资本理论的研究一直是国内外政治学、经济学、社会学研究的重要内容之一，根据研究主题，本书作者对现有相关研究文献进行梳理如下。

一、国外学者的研究

社会学家皮埃尔·布尔迪厄（Pierre Bourdieu）、詹姆斯·S.科尔曼（James S.coleman）、罗伯特·普特南（Robert D.Putnam）、林南（Nan Lin）、弗朗西斯·福山（Francis Fukuyama）、亚历山德罗·波茨（Alejandro Portes）等人都曾对社会资本进行过相关的论述。皮埃尔·布尔迪厄率先提出了资本的概念，在《资本的形式》一文中，根据资本在不同场域中所起的作用将资本分为经济资本、文化资本、社会资本，认为不同类型的资本通过实践可以相互转化。[①] 继皮埃尔·布尔迪厄（Pierre Bourdieu）之后，学界内对社会资本的研究相对较多。例如：詹姆斯·S.科尔曼（James

---

[①] Bourdieu, P. The Forms of Capital [M]. Nice,R. (trans.) . In Richardson, J. (ed.), Handbook of Theory and Research for the Sociology of Education.Westport: Greenwood Press，1986.

S.coleman）对社会资本做了研究，将社会资本定义为个人拥有的社会结构资源，并提出了五种社会资本的表现形式；[①]罗伯特·普特南（Robert D.Putnam）运用社会资本理论解释公共精神如何影响制度绩效，他将社会资本认为是一种社会组织特征，如信任、规范、网络等；[②]林南在其代表作《社会资本——关于社会结构与行动的理论》一书中，详细阐述了社会资本的要素和理论，对个体行动与社会结构之间的互动意义进行了理论说明，强调了通过社会资本或者说通过社会联系与社会关系所获取资源的重要性，社会资本促进了个体、社会群体、组织以及社区的目标的实现。[③]此外，弗朗西斯·福山（Francis Fukuyama）的社会信任理论从文化的角度出发来阐述社会资本，他撰写的两本著作《信任》与《大分裂》系统论述了他提出来的社会信任理论，他提出用"信任半径"的长短来比较与衡量不同的社会资本的问题。[④]以

①　詹姆斯·S.科尔曼.社会理论的基础[M].邓方,译.北京：社会科学文献出版社,1999:354.

②　[美]罗伯特·D.帕特南.使民主运转起来——现代意大利的公民传统[M].王列,赖海榕,译.南昌：江西人民出版社,2001:220.

③　林南.社会资本：关于社会结构与社会行动的理论[M].张磊,译.上海：上海人民出版社,2005:18-20.

④　[美]弗朗西斯·福山.信任：社会美德与创造经济繁荣[M].彭志华,译.海口：海南出版社,2001:305.

上这些著名的社会学家对社会资本的研究将在第二章中详细论述。

二、国内学者研究现状

二十世纪八十年代西方学者提出社会资本理论后，社会资本理论的解释力就引起了一些国内学者的关注，国内学者试图用该理论来解释中国社会现象。国内学者对社会资本的研究起步于二十世纪八十年代末九十年代初，虽然起步较晚，但各学科领域对社会资本的研究逐年增加，2000年以后社会资本受到了学者们的普遍关注，且取得了丰硕的研究成果。

二十世纪九十年代初，国内学者主要从经济学的角度出发研究社会资本，关注的重点是社会资本中的制度、规范和社会网络对经济发展的意义。系统研究社会资本的国内学者以张其仔为代表，他将西方社会资本理论应用到经济学研究领域，其代表作是1997年出版的《社会资本论——社会资本与经济增长》一书。张其仔在该书中提出社会人假定，对经济学中的经济人假定进行了批判，又从厂商行为、经济增长、产权制度、资源配置和劳动力供给等角度探讨了社会资本与经济增长的关系，最后在探讨社会资本测量问题的基础上提出了社会资本再生产的理论，以实现社会资本以及整个社会的可持续发展。[1] 早期学者们的研究重点是社会资本对国有企业绩效的影响，关注社会资本与企业经济增长的关系。例如，张其仔通过对一个村庄的研究，检验了范德普尔的社会支持网发现法对于追溯我国村庄中农民的社会网络的适宜性，以及西方学者发现的弱网的力量对于农村社会非就业领域是否成立。[2]

从进入二十一世纪开始，社会关系、社会网络开始成为国内学者关注的重点，国内学者对社会资本的研究从关注企业发展、经济增长转为关注人际关系。学者们用社会资本来解释说明某些个人的理性行为和非理性行为比其他人更成功的原因，注意从人际关系的角度去把握个体与团体的联系，从而解释个体之间的行为互动如何导致了社会结构的建立和重建，解释社会结构如何制约和激励个体行为。[3] 以边燕杰、赵延东、张文宏、卜长莉、李惠斌和杨雪冬等人为代表的国内学者对社会资本的研究取得了丰硕的成果。如边燕杰对社

① 张其仔.社会资本论——社会资本与经济增长 [M].北京：社会科学文献出版社，1997:27-31.
② 张其仔.社会网与基层经济生活——晋江市西滨镇跃进村案例研究 [J].社会学研究，1993(3).
③ 边燕杰.社会资本研究 [J].学习与探索,2006(2).

会资本的研究涉及社会资本与市场化、社会资本与企业发展、社会资本与职业生涯、社会资本与婚姻家庭、社会资本与互联网时代、社会资本与体育、社会资本与社交餐饮、社会资本与乡村治理、社会资本与新型冠状病毒肺炎疫情防控、社会资本的累积效应等多个方面。社会关系网络是边燕杰研究社会资本的重要分析工具，他还提出了"关系社会资本"的概念用以区别一般的社会资本，认为"中国的关系社会资本具有强联带性、功能复用性、频发义务性等三个特征"[①]。边燕杰结合互联网时代分析人际交往的特征，认为人们的网络交往重塑了联系性，"线上空间与线下空间形成丰富的人际关系，并可以进行虚实转换"[②]，并分析了从社会网络虚拟空间转换到实体空间的双重动力。求职创业和职业生涯发展是边燕杰研究社会资本的重要视角之一，他认为人们的社会关系无论强弱对人们的求职创业和职业晋升都起到"正向"影响作用。他通过实证分析人们的职业生涯发现社会资本影响职业生涯的累积效应反映在延时效应和多次使用的叠加效应两个方面。社会资本的动员具有累积效应，在相对一段期间，

---

① 边燕杰，张磊．论关系文化与关系社会资本 [J]．人文杂志，2013(1).
② 缪晓雷，杨玳，边燕杰．互联网时代的社会资本——网民与非网民比较 [J]．社会学研究，2023,38(3).

随着时间的推移而发挥其延时效应，但多次使用社会资本的叠加作用机制，没有得到数据分析的支持。[①] 赵延东也是国内对社会资本有深入研究的学者，尤其关注下岗职工再就业问题。他使用社会网络来分析社会资本，以下岗职工为研究对象，主要研究社会资本在下岗职工再就业过程中发挥的作用。他在调查武汉市下岗职工寻求再就业时发现，那些大量使用社会网络途径特别是强关系网络的职工得到的工作往往是质量更差的工作，[②] 这与边燕杰的研究发现相异。

除社会关系外，国内的学者们也关注到了作为宏观社会资本核心要素之一的信任。边燕杰在理论上提出人际社会网络对于普遍信任存在推动和收缩两种力量，社会网络多样性和核心圈内聚性分别是普遍信任的推动力机制和收缩力机制，因此，社会结构和社会治理现代化的建设重点是让人们在个人关系圈外扩大社会交往，广泛搭建弱关系网络渠道，并调整强关系网络作用的群体差别和约束条件。[③] 赵延东、

① 边燕杰，孙宇，李颖晖.论社会资本的累积效应[J].学术界，2018(5).

② 赵延东.再就业中社会资本的使用——以武汉市下岗职工为例[J].学习与探索,2006(3).

③ 边燕杰.人际社会网络对普遍信任的正负效应——从国际比较探索中国模式[J].开放时代，2023(6).

邹宇春则从网络结构观出发,研究了社会网络如何影响信任,并提炼出两大主要的影响机制,[①]集中探讨了突发风险事件中公众对科学家的信任及其影响因素。[②]

随着对社会资本的研究不断深入,学者们也关注到社会资本的负效应。例如,卜长莉的《社会资本的负效应》反映了许多研究者和一般大众的担忧,在列举了社会资本对个人和社会的若干负面影响之后,针对转型时期的中国提出了建构扬长避短的社会资本的一些设想。[③]李黎明、许珂从社会资本正、负效应方面探讨了中国城市居民的社会资本与收入差距,[④]汤美芳研究讨论了社会资本对创造性人力资本形成的负效应。[⑤]刘宏伟以精英群体为对象研究社会资本的负效应及其制约,发现精英群体由于在社会阶层结构中占据的位置,较其他阶层占有更多的社会资本,但这种占有是一柄双刃剑,它巩固了精英结盟,而社会资本的排外性又强化了精英封闭,

---

[①] 邹宇春,赵延东.社会网络如何影响信任?——资源机制与交往机制[J].社会科学战线,2017(5).

[②] 赵延东,叶锦涛,何光喜.突发风险事件中公众对科学家的信任及其影响因素研究[J].中国软科学,2021(7).

[③] 卜长莉.社会资本的负效应[J].学习与探索,2006(3).

[④] 李黎明,许珂.中国城市居民的社会资本与收入差距——社会资本正、负效应再探讨[J].西安交通大学学报(社会科学版),2017,37(2).

[⑤] 汤美芳.社会资本对创造性人力资本形成的负效应[J].中共浙江省委党校学报,2006(6).

社会资本的代际传递则导致了精英再生产。①

此外，一些学者也关注到社会资本对集体行动的影响，如陈静、田甜的《集体行动逻辑、社会资本嵌入与农户合作供给》一文研究了农村集体合作行为成败原因，研究结果认为农户在完全理性的静态博弈中容易陷入集体困境，而社会资本嵌入为农户走出非合作博弈困境、建立广泛意义的合作提供可能。②季春梅、范国睿通过对阶段标识、内涵理念、行动价值的研究追问，提出需要在秩序、共同体以及资源等方面重建社会资本，认为这是教育治理行动的前提性条件与可行性保证。③蔡起华、朱玉春以三省区农户参与小型农田水利设施维护为例，研究了社会资本、收入差距对村庄集体行动的影响，认为社会资本与结构型社会资本对农户参与村庄集体行动的意愿及程度均有显著的促进作用，收入差距与农业收入差距对农户参与村庄集体行动的意愿均有显著的促进作用，但对其程度均有显著的抑制作用，社会资本能显著

①　刘宏伟.精英群体社会资本的负效应及其制约 [J].新疆社会科学，2017(1).
②　陈静，田甜.集体行动逻辑、社会资本嵌入与农户合作供给——基于静／动博弈模型分析 [J].西部经济管理论坛，2019(2).
③　季春梅，范国睿.社会资本：教育治理的行动逻辑 [J].南京社会科学，2018(6).

地减弱收入差距对农户参与村庄集体行动程度的消极影响。[①]

从总体情况看，国内学者多注重从个体关系叠加而成的私人关系网来测量个体层面的社会资本，集体层面社会资本的研究和对社会资本的社会性分析还有待进一步加强。根据研究主题，本书作者以"CNKI"为统计源，检索了涉及"社会资本"方面相关的国内文献，具体研究"社会资本"的中国代表作者分布、"社会资本"研究发文量、"社会资本"研究主题分布、"社会资本"研究层次分布、"社会资本"研究学科分布、"社会资本"研究机构分布、"社会资本"研究基金分布情况如图1至图8。

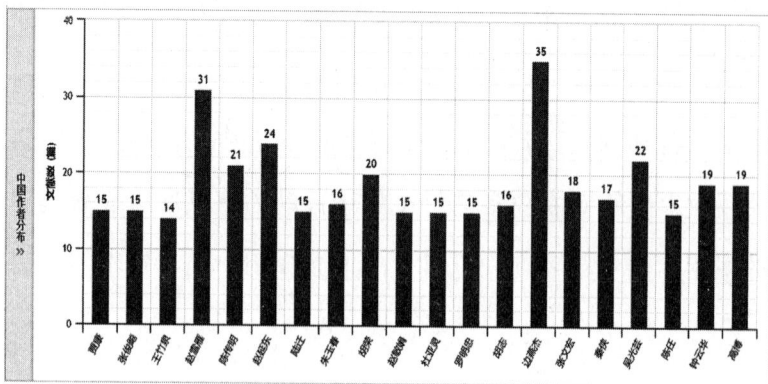

图1 研究"社会资本"的中国作者分布（仅限中文核心期刊）

[①] 蔡起华，朱玉春.社会资本、收入差距对村庄集体行动的影响——以三省区农户参与小型农田水利设施维护为例[J].公共管理学报，2016,13(4).

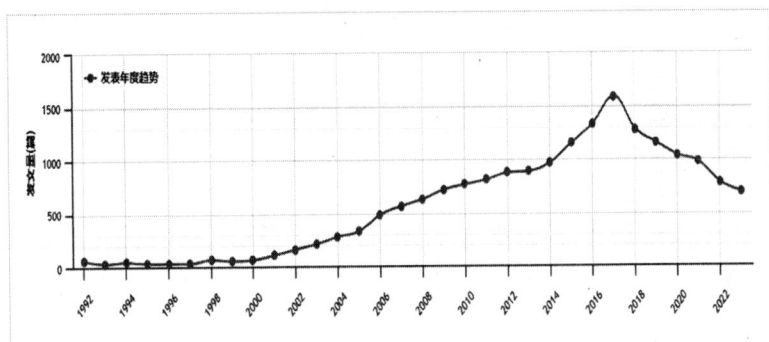

图 2 "社会资本"研究发文量（仅限中文核心期刊）

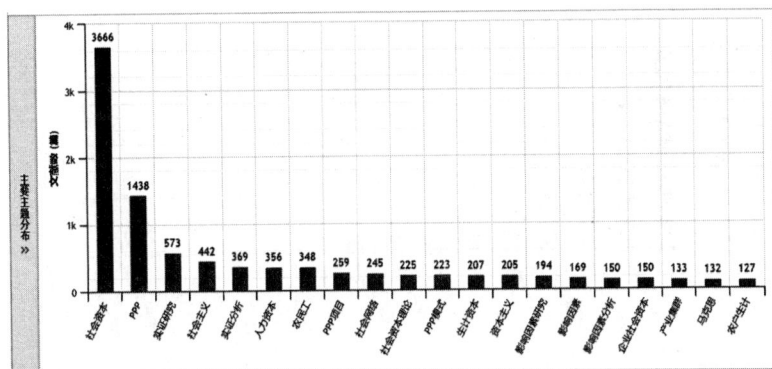

图 3 "社会资本"研究主要主题分布（仅限中文核心期刊）

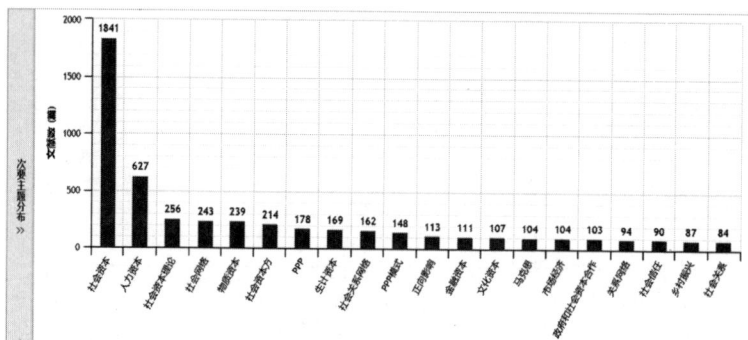

图 4 "社会资本" 研究次要主题分布（仅限中文核心期刊）

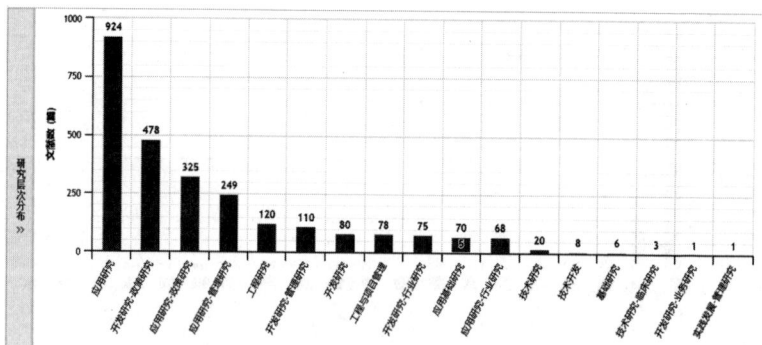

图 5 "社会资本" 研究层次分布（仅限中文核心期刊）

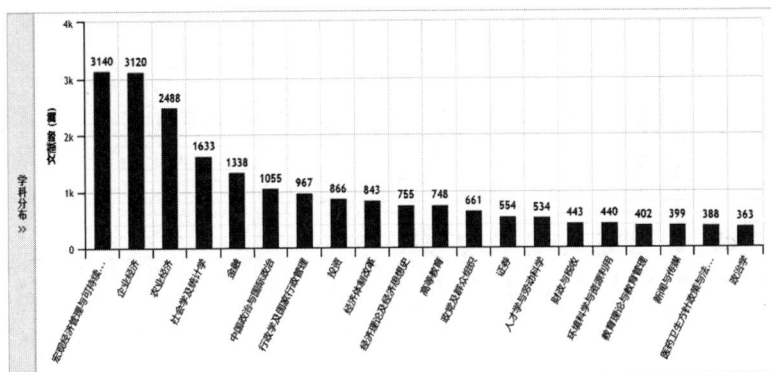

图 6 "社会资本"研究学科分布（仅限中文核心期刊）

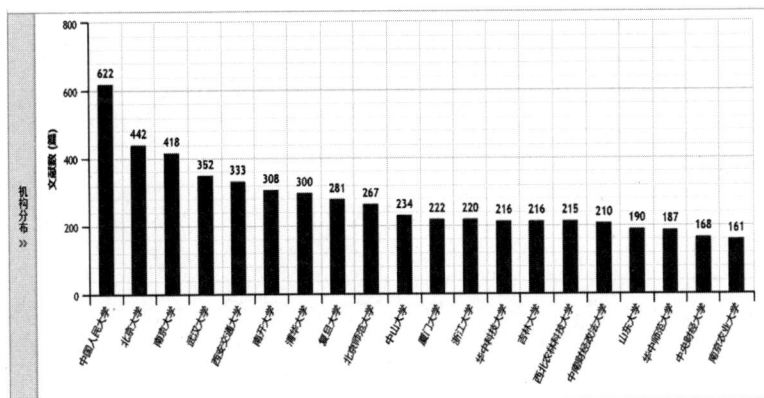

图 7 "社会资本"研究机构分布（仅限中文核心期刊）

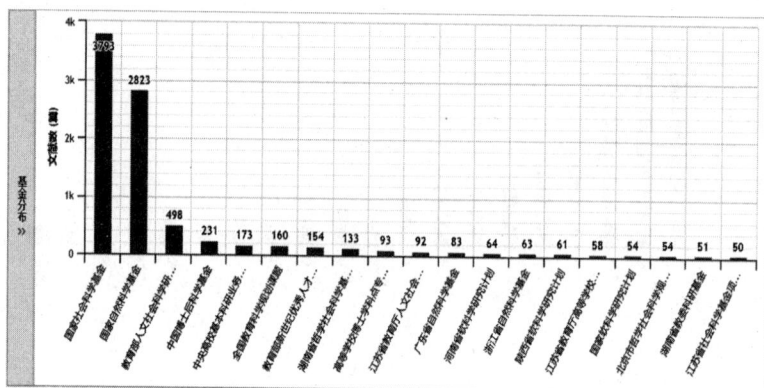

图 8 "社会资本" 研究基金分布（仅限中文核心期刊）

第二章　社会资本理论发展谱系

社会资本理论起源于社会学和经济学领域，翰尼范（L.J.Hanifan）最早独立使用"社会资本"概念之后，法国社会学家皮埃尔·布尔迪厄（Pierre Bourdieu）于20世纪80年代提出社会资本理论，随后詹姆斯·S.科尔曼（James S.coleman）和罗伯特·帕特南（Robert D. Putnam）以及林南（Nan Lin）、弗朗西斯·福山（Francis Fukuyama）、亚历山德罗·波茨（Alejandro Portes）等学者进一步发展和完善了这一理论，本章将对这些学者的社会资本理论做详细介绍。

第一节　皮埃尔·布尔迪厄的社会资本理论

一、生平与著述

皮埃尔·布尔迪厄（Pierre Bourdieu）是法国著名社会学家，1930 年 4 月在法国贝恩亚（Bearn）出生，其父职业是一名乡村邮递员。1950 年考入法国巴黎高等师范学院。1954 年毕业后在一家中学任教。1956 年应征入伍，1958 年到非洲阿尔吉利亚服兵役。1960 年返回法国后先在里尔大学任教，后又到巴黎大学任教。1964 年任法国高等研究试验中心主任，1968 年又担任欧洲社会学中心主任，在 1975 年创办了《社会科学的研究行为》杂志。

皮埃尔·布尔迪厄在巴黎高等师范学院就读时，研读了众多哲学流派著作，对马克思主义哲学思想有浓厚兴趣，但是到非洲阿尔吉利亚后，在阿尔及利亚兵营里的艰苦生活经历和看到的阿尔及利亚在战后面临的各种社会问题引发了他对抽象哲学思想的反思。他认为哲学家们所呼吁的抽象哲学思想并不能实实际际的解决人们在现实生活中遇到的苦难和社会问题，他在对各种社会问题的思考中逐渐转向了社会学研究工作。

皮埃尔·布尔迪厄他对阿尔及利亚社会生活的研究方法主要是经验层面的实证研究，1958 年发表了他早期涉足社会学研究的专著《阿尔吉利亚的社会学》，1963 年又发表了《阿尔吉利亚的劳动与劳动者》。皮埃尔·布尔迪厄早期的学术生涯一直受到结构主义的影响，但他深刻地认识到主观主义和客观主义之间的对立对于科学研究的不良影响，故一直试图超越社会学研究中传统的二元对立造成的局限性。皮埃尔·布尔迪厄有著述 30 多部、学术论文 300 多篇，其学术影响力在七十年代开始显现，八十年代后直线上升，九十年代其影响力不仅势头未减，且后劲十足。在皮埃尔·布尔迪厄的众多研究成果中，涉及社会资本相关的经典中文译著如下：

皮埃尔·布尔迪厄（Pierre Bourdieu）著名中文译著

序号	作者	译者	书名	出版社	时间
1	皮埃尔·布尔迪厄	包亚明	文化资本与社会炼金术——布尔迪厄访谈录	上海人民出版社	1997
2	皮埃尔·布尔迪厄	邢克超	再生产——一种教育系统理论的要点	商务印书馆	2002

续表

3	皮埃尔·布尔迪厄	蒋梓骅	实践感	译林出版社	2003
4	皮埃尔·布尔迪厄、华康德	李猛、李康	实践与反思——反思社会学导引	中央编译出版社	2004
5	皮埃尔·布尔迪厄	谭立德	实践理性：关于行为理论	生活·读书·新知三联书店	2007
6	皮埃尔·布尔迪厄	刘晖	区分：判断力的社会批判（上）	商务印书馆	2015
7	皮埃尔·布尔迪厄	刘晖	区分：判断力的社会批判（下）	商务印书馆	2015

二、资本的三种形式

皮埃尔·布尔迪厄提出社会资本理论的初衷是为了突破结构与能动的二元对立，用资本来理解实践场域的能量运动以及个体行动者之间的互动，[①] 进而研究社会结构如何制约个体行动以及在社会结构制约下个体行动有多少自主性、能动性的问题。在皮埃尔·布尔迪厄提出的实践理论中，"实践者既受到结构的固有约束，也有能动的临时发挥，在结构

---

① 王雨磊.论社会资本的社会性——布迪厄社会资本理论的再澄清与再阐释[J].南京师大学报（社会科学版），2015(1).

与能动之间有一个灵活的转换中介——习性（habitus）。"①
"按照历史产生的图式，产生个人的和集体的、因而是历史
的实践活动，它确保既往经验的有效存在，这些既往经验以
感知、思维和行为图式的形式储存于每个人身上，与各种形
式规则和明确的规范相比，能更加可靠地保证实践活动的
一致性和它们历时而不变的特性。"②习性能自由的生成持久
的、系统的各类经验、感知等产品。"产生习性的结构借助
习性支配实践行为，但途径不是机械决定论，而是通过原初
为习性的生成物规定的约束和限制。"③"习性能使行为人生活
于制度之中，在实践中占有制度，从而使制度保持活力、生
机和效力，不断地使它们摆脱无效和衰竭状态，通过方法是
使得被弃于其中的意义复活。"④如此看来，习性是社会结构
经实践之后实践者的身体化沉淀，也是实践者已积累的感知
和思维等经验向制度、规则等转换的结构化产物。在制度、

---

　　① 王雨磊.论社会资本的社会性——布迪厄社会资本理论的再澄
清与再阐释[J].南京师大学报（社会科学版），2015(1).
　　② 皮埃尔·布尔迪厄.实践感[M].蒋梓骅，译.南京：译林出版
社，2003:82-83.
　　③ 皮埃尔·布尔迪厄.实践感[M].蒋梓骅，译.南京：译林出版
社，2003:84.
　　④ 皮埃尔·布尔迪厄.实践感[M].蒋梓骅，译.南京：译林出版
社，2003:87.

规则等社会结构的身体化和实践者经验的结构化中，习性作为结构和能动之间的转换中介解决了结构与能动之间的二元对立。

按照皮埃尔·布尔迪厄所说，资本和习性相互作用为实践提供了可能。在实践中，行动主体既可以通过学习认可社会规范、遵守社会制度来积累主观方面的经验，建构自身的习性，也能凭借制度、规则等客观社会结构中积累的思想的能动性来指导自己的行动适应社会规范，同时建构以社会制约条件如规则、制度等体现出来的社会结构。行动者的这种实践活动具有双重建构的效果，社会资本就在结构与能动相互间的互动过程中创造出来。

在《资本的形式》一文中，皮埃尔·布尔迪厄从场域的概念出发，根据资本在不同场域中所起的作用将资本分为经济资本、文化资本和社会资本。①"一是经济资本，这种资本可以立即并且直接转化成金钱，它是以财产权的形式被制度化的。二是文化资本，这种资本在某些条件下可以转化成经济资本，它是通过教育资质的形式制度化的。三是社会资本，

① Bourdieu, P. The Forms of Capital [M], Nice,R.（trans.）. In Richardson, J.（ed.）, Handbook of Theory and Research for the Sociology of Education.Westport: Greenwood Press，1986.

这种资本在社会联系中形成，在一定条件下也可以转化成经济资本，它是以某种社会地位头衔被制度化的。"①皮埃尔·布尔迪厄还提出一种符号资本类型，主要与权威、声望等一些影响力相关。

经济资本主要以物质资本的形式表现出来，社会学家皮埃尔·布尔迪厄对经济资本的理解与西方经济学的理解基本上相同，认为经济资本基本等同于物质资本，但又不限于物质资本。经济资本具有多种形式，在他看来，经济资本是所有资本类型的根基，所有资本类型最终都可以通过实践转化为经济资本。经济资本以物质资本为主要表现形式，物质资本一般都是有形资本，物质资本本身不会增值，只有投入使用，靠人力资本发挥能动作用才可能实现增值。

皮埃尔·布尔迪厄将"经济资本"放到惯习和场域的特殊关系中，对马克思的资本理论作了非经济学解读并提出了"文化资本"概念，区分了文化资本与经济资本、社会资本的差别。他认为"文化资本在形式上表现为一种身体化的文化资源，本质则是人类劳动成果的一种积累，是以人的能力行为方式、语言风格、教育素质、品位与生活方式等形式表

---

① [法]布迪厄.文化资本与社会炼金术[M].包亚明，译.上海：上海人民出版社，1997:192.

现出来的，包括文化能力、文化习性、文化产品、文化制度在内的文化资源的总和。"[①] 在文化资本理论中，文化资本存在的形态可以分为三种：客体化的文化资本、具体化的文化资本和制度化的文化资本。[②] 客体化文化资本的存在形式是文化商品；具体化（具身化）的文化资本主要存储在人的身体之中；经社会制度认可的如学历文凭、各种资格证书形成制度化文化资本，经由学历文凭和各种资格证书确认的文化资本使个人具体化的文化资本在社会层面能够被承认。根据皮埃尔·布尔迪厄的理论观点，文化商品作为客体化的文化资本存在的形式，具有物质性和象征性，其物质性表现为经济资本，象征性则表现为文化资本。"文化商品既可以呈现出物质性的一面，又可以象征性呈现出来，在物质方面，文化商品预先假定了经济资本，而在象征性方面，文化商品则预先假定了文化资本。"[③] 由于文化商品的物质性表现为经济资本，因此物质性方面可以像经济资本一样进行传递或者转

① 徐德忠．文化资源的资本化路径与投资 [J].科学. 经济. 社会，2014,32(135).

② 刘少杰．国外社会学理论 [M].北京：高等教育出版社，2006:359.

③ [法]布迪厄．文化资本与社会炼金术 [M].包亚明，译.上海：上海人民出版社，1997:198.

让，但传递或者转让具有有限性，传递或者转让的仅是文化商品合法的所有权。文化商品的象征性表现为文化资本，因此象征性方面不能像经济资本一样进行传递或者转让。因为以象征性呈现出来的文化资本具体化在个人身体之中，只能学习和模仿，需要经劳动时间的积累才能获得继承的能力。例如，一个人可以支付金钱买到一本书，获得这本书的所有权，但是若想了解书中的基本知识和核心思想就需要支付必要的时间去学习，才能把相关的文化知识存储于个人身体之中，转化为与个人身体直接联系的具体化的文化资本。具体化文化资本是存储于人的身体之中的，是客体化的文化资本的内化形式。

三、对社会资本的分析

皮埃尔·布尔迪厄是系统诠释"社会资本"的第一个学者，他第一次明确提出"社会资本"概念是在 1980 年发表的文章《社会资本随笔》中。他认为社会资本是实际或潜在的资源集合，这些资源与拥有相互熟识和认可的、或多或少制度化的关系的持久网络相联系。[①] 随后，他在文章《资本

---

① 吴军，夏建中. 国外社会资本理论：历史脉络与前沿动态 [J]. 学术界，2012(08).

的形式》里详细区分了资本的三种形式①（经济资本、文化资本和社会资本），分别对这三种资本的形式做了详细探讨。皮埃尔·布尔迪厄在《资本的形式》（The Forms of Social Capital）中，明确地为"社会资本"做出了定义，具体原文如下：

Social capital is the aggregate of the actual or potential resources which are linked to possession of a durable network of more or less institutionalized relationships of mutual acquaintance and recognition—or in other words，to membership in a group—which provides each of its members with the backing of the collectivity-owned capital，a "credential" which entitles them to credit，in the various senses of the word.②

在《文化资本与社会炼金术》一书中，社会资本被定义为"实际的或潜在的资源的集合体，那些资源是同对某种持久性的网络的占有密不可分的，这一网络是大家共同熟悉的、

---

① 皮埃尔·布尔迪厄将资本区分为三种形式：经济资本、文化资本和社会资本。

② Pierre Bourdieu. "The Forms of Capital" In Handbook of Theory and Research for the Sociology of Education，edite by John G. Richardson (ed.) ,New York: Greenwood Press，1986:248-249.

得到公认的，而且是一种体制化关系的网络，或换句话说，这一网络是同某个团体的会员制相联系的，它从集体性拥有的资本的角度为每个会员提供支持，提供为他们赢得声望的'凭证'，而对于声望则可以有各种各样的理解。这些关系也许只能存在于实际状态之中，只能存在于帮助维持这些关系的物质的和／或象征性的交换之中。"[①] 该书中关于社会资本的定义与《资本的形式》一文中的定义基本一致。

从上述定义中可以看出，社会资本的内涵包括几个方面：首先，皮埃尔·布尔迪厄将社会资本视为一种嵌入在社会网络和结构中的资源，这些资源包括社会声望、信任、规范、关系网络等，这些资源与持久性的网络密不可分，它需要通过与他人的互动和合作才能被有效地动员和利用，以实现个人或团体的目标。其次，皮埃尔·布尔迪厄将社会资本视为一种制度化的相对稳定的可持续的社会关系网络，社会资本是社会关系，是以网络关系的形式存在，而且是体制化的具有稳定联系的社会网络，资源嵌入在社会网络和结构中，需要通过与他人的互动和合作才能获取和利用。再次，社会资本具有现实性和潜在性，行动者有意或无意建构起来的社会

---

① 布迪厄.文化资本与社会炼金术 [M].包亚明，译.上海：上海人民出版社，1997:202.

关系都是短时间或者长时间之内用得着的社会关系，但只有当建构起来的社会网络被行动者利用时才能发挥作为一种资本在实践中的作用，社会网络未被行动者利用时，只是潜在的社会资本，并不能带来收益。最后，行动者在网络关系中获得的收益因个人实践能力大小不同而有所区别，行动者获得的收益是支持行动者继续建构或者维持所占有的社会网络关系资源的动力，行动者获益越大，就越能以此为动力进一步去维持所占有的社会关系网络资源。

皮埃尔·布尔迪厄对社会资本的研究是同对经济资本、文化资本的研究一同开展的，他认为社会资本往往是与其他形式的资本（如经济资本、文化资本等）相互交织、相互影响的。社会资本可以转化为其他形式的资本，反之亦然。例如，一个人可以通过建立和维护社会关系来获得更多的经济机会和资源，或者通过提高自己的文化修养来增强自己在社会网络中的地位和影响力。所以，皮埃尔·布尔迪厄虽然把每一种类型的资本最后都化约为经济资本，忽略了其他类型资本的独特效用，这在某种程度上仍然带有经济基础决定上层建筑的唯物主义的决定论色彩。[1] 但他从阶级观点出发把

---

[1]　张文宏.社会资本：理论争辩与经验研究 [J].社会学研究，2003(04).

社会资本视为统治阶级为了维持和再生群体团结并保持群体的统治地位在相互认可和承认时进行的成员身份投资,①紧紧抓住了"社会关系网络"这个核心内涵使"社会资本"有了明晰的定义,开创了以"社会关系网络"分析社会资本的基础,确立了社会资本的现代意义,使社会资本这一概念不再"含糊"和"粗糙"。

第二节　詹姆斯·S.科尔曼的社会资本理论

一、生平及思想概述

詹姆斯·S.科尔曼(James S.coleman)是美国著名的社会学家,出生于 1926 年 5 月,1995 年 3 月逝世。他曾经是美国科学院仅有的四位社会学院士之一,是西方社会学理性选择理论的代表人物,同时也是西方社会资本理论的代表人物之一,又被誉为经济学新制度学派的代表人物。1949 年,詹姆斯·S.科尔曼在美国普渡大学毕业并获得化学工程学士学位,之后又攻读社会学专业,师从默顿和拉扎斯菲尔德,

---

① 张文宏.社会资本:理论争辩与经验研究 [J].社会学研究,2003(04).

1955 年在哥伦比亚大学毕业并获得社会学博士学位，毕业之后到美国芝加哥大学任教。1959 年，转到约翰·霍普金斯大学工作，在此他创办了社会学系并任系主任。在约翰·霍普金斯大学工作期间，詹姆斯·S.科尔曼主要开展教育社会学方面的研究，在此期间他的研究成果众多，有专著 5 本、学术论文 60 余篇，他的思想对美国的教育社会学产生了很大的影响。1973 年，詹姆斯·S.科尔曼又回到美国芝加哥大学工作，开展社会学研究工作。1992 年当选并任美国社会学学会主席，直至 1995 年逝世。詹姆斯·S.科尔曼作为一名著名社会学家，他创办的学术刊物《理性与社会》曾在学界内产生了广泛影响。在他的众多研究成果中，1966 年发表的《科尔曼报告——教育机会公平》是他的成名作，使他为社会公众所熟知，但最具有深远影响的名著是 1990 年发表的《社会理论的基础》。此外，1964 年发表的《数理社会学入门》以及 1993 年发表的《当代社会学理论》等著作在社会学领域也产生了很大影响。

詹姆斯·S.科尔曼师从于罗伯特·默顿，他深受罗伯特·默顿的影响，早期进行的大量经验研究一直遵循经验功能主义范式，注意量化分析，许多经验研究涉及集体行为、工会民主以及医生中的社会关系网络等领域。80 年代以后，詹姆斯·S.科尔曼的研究重点发生变化，着重研究微观层面的个人动机和宏观层面的社会结构如何相结合。他将经济学中"追求效益最大化"的概念引用到社会学中来说明个体行动是"有目的的行动"，从"理性人"的假设为出发点建立了理性选择理论。"以宏观的社会系统行为作为研究的目标，以微观的个人行动作为研究的起点，以合理性说明有目的的行动，合理性是行动者的行动基础，行动者的行动原则是最大限度地获取效益，通过研究个人的行动的结合如何产生制度结构，以及制度结构如何孕育社会系统行为，实现微观—宏观的连接。"[①]"社会资本"是詹姆斯·S.科尔曼构建"理性选择理论"的概念工具之一，建构社会资本理论的目的是"希望通过资本的性质来凸现各种不同形式的社会结构因素对于理性个人／法人而言的资源意义"[②]，以此将微观层面的个人动机和宏观层面的社会结构如何相结合。

① 张应祥、丘海雄.理性选择理论述评 [J].中山大学学报，1998(1).
② 朱依娜.找回科尔曼：从理性选择理论看其"社会资本"概念 [J].甘肃理论学刊，2006(5).

二、定义解读

詹姆斯·S. 科尔曼（James S.coleman）认为社会资本是社会的整体发展和行动者个体成功的关键因素，他在其专著《社会理论的基础（上）》中，对社会资本的定义如下：

"社会资本的定义由其功能而来，它不是某种单独的实体，而是具有各种形式的不同实体。其共同特征有两个：它们由构成社会结构的各个要素所组成；它们为结构内部的个人行动提供便利。和其他形式的资本一样，社会资本是生产性的，是否拥有社会资本，决定了人们是否可能实现某些既定目标。与物质资本和人力资本一样，社会资本并非可以完全替代，只是对某些特殊的活动而言，它可以被替代。为某种行动提供便利条件的特定社会资本，对其他行动可能无用，甚至有害。与其他形式的资本不同，社会资本存在于人际关系的结构之中，它既不依附于独立的个人，也不存在于物质生产的过程之中。"①

从定义可以看出，詹姆斯·S. 科尔曼所提出的社会资本理论的核心概念是社会网络，由定义出发可将社会资本的特征分析为三个方面。第一，社会资本存在于人际关系的结构

---

① [美]詹姆斯·S. 科尔曼. 社会理论的基础（上）[M]. 邓方，译. 北京：社会科学文献出版社，1999:279.

之中，它既不依附于独立的个人，也不存在于物质生产的过程之中。[①] 社会资本的形成依赖人与人之间的关系按照有利于行动的方式而改变，[②] 它表现为人与人的关系，是为行动者个人所拥有同时又表现为社会结构资源的资本，且可以为社会结构内部的行动者开展行动提供便利，即行动者从事一些目标活动时，通过对人际关系的投资可以从人际关系网络中获得有效信息和其他帮助，从而实现自己的目的。第二，社会资本具有可生产性的特点，这一特点与物质资本和人力资本相同。詹姆斯·S. 科尔曼认为，物质资本的存在形式是有形的可见的物质，人力资本是存在于个人掌握的无形的技能和知识中，对于物质资本和人力资本而言，只有投资者才能增加其物质资本和人力资本，但对于社会资本而言，社会资本一经创造或形成就能有益于社会结构内的所有行动者，人们可以通过利用社会资本实现个人目标和集体行动目标。第三，社会资本只为结构内部行动者的行动提供便利，因为社会资本以义务与期望、信息网络、权威关系、社会组织、规范和有效惩罚的形式存在，这些基于社会信任形成的社会资

---

① ［美］詹姆斯·S. 科尔曼. 社会理论的基础（上）[M]. 邓方，译. 北京：社会科学文献出版社，1999:279.

② ［美］詹姆斯·S. 科尔曼. 社会理论的基础（上）[M]. 邓方，译. 北京：社会科学文献出版社，1999:281.

本只对网络内部成员发挥作用，因此具有不可转让性。詹姆斯·S.科尔曼结合自己对社会资本的理解提出了五种社会资本的形式。

三、社会资本的形式

詹姆斯·S.科尔曼归纳了社会资本的五种形式，分别是义务与期望、信息网络、规范和有效惩罚、权威关系以及多功能社会组织和有意创建的组织。科尔曼归纳出来的这五种社会资本形式涵盖了社会关系、信息、规范、权威和组织等多个方面，为我们理解社会资本在个人和社会层面上的作用提供了全面的视角。

（一）义务与期望

詹姆斯·S.科尔曼认为社会资本最重要的形式是义务和期望。他以"行动者 A 帮助行动者 B 做了一些事情，且行动者 A 相信行动者 B 在今后自己有需求时会回报自己"作举例，行动者 A 对行动者 B 有了一种期望，行动者 B 对行动者 A 也有了一种义务。义务就是受助者需对施助者进行回报，期望就是施助者相信义务将会得到回报，对构成这种关系的双方而言，他们就拥有了一种社会资本。詹姆斯·S.科尔曼列举了很多实例来论证构成这种关系的双方所带来的巨大利益，如埃及开罗中央市场的零售商[①]和东南亚地区的民众自助集资组织[②]就因群体成员间的高度信任构成义务与期望关系并获得了巨大利益。所以，影响产生和维持义务与期望的决定性因素是"社会环境的可信任度，即应尽的义务是否履行以及个人承担义务的范围"。[③]如果社会环境没有高度的信任机制，埃及开罗中央市场的零售商很难一直互相提供义务帮助，东南亚地区的民众自助集资组织很难成功的维持下去。因此，义务和期望及其构成的信任关系是"社会资本"最重要的形式之一，有助于解决集体行动的困境。

在"行动者 A 帮助行动者 B 做了一些事情，且行动者 A 相信行动者 B 在今后自己有需求时会回报自己"这一例子中，行动者 A 是义务的创造者，行动者 A 施助时主观意愿

[①]　埃及开罗中央市场的零售商不分彼此，经营皮革制品的商人同经营珠宝首饰的商人之间建立了互通有无的伙伴关系，互相介绍顾客成为一种默契，大家都随时向需要这些商品的顾客提供货源信息，每个零售商都相互履行一定的义务和责任。

[②]　东南亚地区的民众自助集资组织由亲属和邻居组成，每个月聚会一次，每次聚会时所有成员都捐献一笔资金，并以抽签等形式决定由谁先使用这笔款项，直到 N 次聚会后每个人都上交了 N 笔资金并获得一次使用款项的机会。

[③]　[美] 詹姆斯·S. 科尔曼. 社会理论的基础（上）[M]. 邓方，译. 北京：社会科学文献出版社，1999:283.

的差别使受助者行动者 B 承担的义务不尽相同。詹姆斯·S·科尔曼认为如果行动者 A 在行动者 B 最需要的时候认识到自己对行动者 B 的帮助的重要性并提供了帮助，那当行动者 A 需要帮助时，行动者 B 必然会作出回报，这种情况下，行动者 A 获得的利益将大于因帮助行动者 B 而损失的利益，所以施助者能够得到的好处取决于受助者在他最需要的时候予以回报。如果并非出自行动者 B 的要求，行动者 A 主动为行动者 B 给予帮助，有意使行动者 B 承担义务但又不急于行动者 B 尽快回报时，行动者 B 往往会急于回报从而从相应的义务中解脱，因为如果等到使自己负有义务的行动者 A 最需要时再履行义务往往需要付出很多的代价。一个理性的、关注自我利益的人总是试图阻止他人为自己提供帮助，或者在自认适当的时刻——选择使自己付出代价最小的时刻——履行义务，使自己从所承担的义务中解脱出来。①

（二）信息网络

存在于社会关系内部的信息网络是社会资本第二种主要

---

① ［美］詹姆斯·S.科尔曼．社会理论的基础（上）[M].邓方，译．北京：社会科学文献出版社，1999:286.

的形式。[①] 信息对于行动者的行动非常重要，但现实中收集信息往往需要投入一定的成本或付出一定的代价，且不对称的信息关系会为行动者的决策带来很多不良后果，因此，低成本的信息来源对人们而言非常重要。詹姆斯·S.科尔曼认为"利用业已存在的社会关系是获取信息的重要手段"。[②] 基于其他目的业已建立的社会关系是相对便利和低成本的获取信息方式之一，例如当一个人不愿意投入时间和精力去了解时髦服装样式或通过看新闻、读报纸来了解时事时，可以通过与了解时髦服装和关心时事的朋友聊天，从而获得所需要的相关信息。这种信息网络必须建立在具有相当信任水平的基础上，即相信对方会提供准确信息。这种社会关系构成的社会资本是利用这种资本可以获取信息，而非创造了义务与期望。值得注意的是，詹姆斯·S.科尔曼指出，产生信息网络形式社会资本类型的社会关系可能无助于义务与期望形式的社会资本的形成。[③]

---

① ［美］詹姆斯·S.科尔曼.社会理论的基础（上）[M].邓方，译.北京：社会科学文献出版社，1999:286.

② ［美］詹姆斯·S.科尔曼.社会理论的基础（上）[M].邓方，译.北京：社会科学文献出版社，1999:287.

③ Coleman, James S. Social Capital in the Creation of Human Capital.". American Journal of Sociology94（Supplement）. 1988:104.

（三）规范和有效惩罚

规范和有效惩罚构成社会资本极其重要的第三种形式，这类资本不仅能为某些行动提供便利或保障，同时能限制某些社会行动。例如，詹姆斯·S.科尔曼列举了一对夫妇带领他们的孩子从美国底特律郊区迁往耶路撒冷的例子，夫妇之所以要搬迁的原因之一就是耶路撒冷有社会规范来保证成年邻居会留心照看没有父母照顾的孩子，而美国底特律郊区却没有社会规范来保证没有父母照看的孩子能得到左邻右舍成年人的"照看"，即美国底特律郊区缺乏有效规范形式的社会资本。詹姆斯·S.科尔曼认为类似的社会规范是行动者在个体微观互动过程中形成的，并通过有效的赏罚措施来影响行动者行动的宏观社会建构。社会规范形成以后，有效的规范中会蕴含着利益，遵守规范能够获益，否则就会受到惩罚。群体结构中社会规范的价值在于能够促使理性个人牺牲自我利益而以集体利益作为行动出发点，不管规范是内化于人们心中还是来自外界的奖惩机制，有效规范的存在都有助于解决集体中的公共物品问题，[①] 这类规范对于克服集体中"搭便

---

① Coleman, James S. Social Capital in the Creation of Human Capital.". American Journal of Sociology94 (Supplement). 1988: 104-105.

车"问题极其重要。与此同时，詹姆斯·S.科尔曼不排除规范和有效惩罚在某些情况下作用有限，也意识到社会规范的负面影响，即为某些行动提供便利的同时会限制其他的一些行动。

（四）权威关系

在特定情况下，个体或组织可能会将某些权力或控制权转让给其他人或组织，这种权威关系可以为人们解决共同性问题提供帮助，并构成一种社会资本。以权威关系为形式的社会资本形成的前提是人们控制权的转让。在社会行动中，行动者 A 出于某种原因把对某些行动的控制权单方转让给行动者 B，那么行动者 B 就获得了以对某些行动的控制权为形式的社会资本，行动者 A 和行动者 B 之间也形成了被支配者与支配者的权威关系。在缺乏权威的条件下，在共享同一利益的众多行动者中间，无法解决搭便车问题，人们意识到解决共同性问题需要相应的社会资本，才在特定条件下将权威授予具有超凡魅力的领导人。①

---

① ［美］詹姆斯·S.科尔曼.社会理论的基础（上）[M].邓方，译.北京：社会科学文献出版社，1999:288.

（五）社会组织

无论是自愿建立的组织还是有意创建的组织，这些组织在行使其功能时，会产生两种作为社会资本形式的副产品，因此也被视为社会资本的形式之一。一种是为了特定目的自愿建立的组织，这类组织在行使其功能时可以服务于其他目的，故而成为社会资本。詹姆斯·S.科尔曼引用了美国东部某城市居民组织①、纽约印刷工人俱乐部②和韩国学生运动产生的组织③等例子来说明为了特定目的自愿建立的组织是如何在行使其功能时服务于其他目的的。另一种是在自愿基础上有意创建的组织具有所谓的"公共用品"的性质，不仅创建者能从中受益，其他人也能从中得到好处。④例如就读于同一学校的某些学生家长自愿组成了社会组织——"家长教

---

① 美国东部某城市的居民为了解决因房屋修建工程质量低劣造成的问题，自愿组织起来抗议建筑商，质量问题得到解决。此后居民组织保留了下来，在改善居民生活问题方面起到了重要作用，成为了一种社会资本。

② 纽约印刷工会组织成立印刷工人俱乐部是为了印刷工人找工作和雇主寻找合适的印刷工人提供便利，但进步党成为印刷工会的掌权党派后，印刷工人俱乐部成为独立党的社会资本，并使该政党发展为反对党。

③ 在韩国，为了便于学习，由同一学校、地区或教会的学生组成学习小组，但该小组可以服务于其他目的，故成为学习小组成员的社会资本。

④ ［美］詹姆斯·S.科尔曼.社会理论的基础（上）[M].邓方,译.北京：社会科学文献出版社，1999:289.

师联合会"，旨在解决一些与学生学习相关的问题，这些问题得以解决后，不仅家长教师联合会成员的家长学生从中受益，学校和非家长教师联合会成员的家长学生也能从中受益，因此这一组织成为学校和学生以及家长的一种非常重要的社会资本。多功能社会组织和有意创建的组织在为某一目标而建立的同时，也可以服务于其他目的，从而形成了可以使用的社会资本。[①] 这些组织可以促进社会合作和集体行动，进而对个人和社会产生积极影响。

詹姆斯·S.科尔曼对社会资本的理解与皮埃尔·布尔迪厄有相似之处。例如，科尔曼将社会资本定义为"个人拥有的社会结构资源"[②]，而布尔迪厄则认为社会资本是"实际的或潜在的资源的集合体"[③]，两人都认为社会资本是一种资源。又如，两人都认为社会资本具有社会结构性，科尔曼强调社会资本是社会结构的组成部分，而布尔迪厄则提出"场域"概念，认为社会资本是在各种位置之间存在的客观关系

---

① [美] 詹姆斯·S.科尔曼.社会理论的基础（上）[M].邓方，译.北京：社会科学文献出版社，1999:288-289.

② [美] 詹姆斯·S.科尔曼.社会理论的基础（上）[M].邓方，译.北京：社会科学文献出版社，1999:354.

③ 布迪厄.文化资本与社会炼金术 [M].包亚明，译.上海：上海人民出版社，1997:202.

的一个网络或构型。但两人对社会资本的定义不同，布尔迪厄更注重社会资本的关系性和结构性，将其视为一种关系网络的产物，而科尔曼则从功能主义的角度出发，将社会资本视为能够产生某种结果的能力或资源。他从功能来定义社会资本的好处在于：社会资本通过识别社会结构的这种功能，既有助于解释微观现象的差别，又有助于实现微观到宏观的过渡，而无须具体阐述相应的社会结构，[①]但他从"结果"来界定社会资本，被很多学者认为是混淆了原因和结果，因此也受到了很多学者的批判。尽管詹姆斯·S.科尔曼的社会资本理论有自身的局限，但人们并不否认他对社会资本研究的启示性工作，他一直都被视为将社会资本从个人为中心(Ego-centric) 的概念转向了社会为中心 (Socio-centric) 的分析中来的学者。

---

① James S. Coleman, "Social Theory, Social Research, and a Theory of Action", The American Journal of Sociology, Vol. 91, No. 6 (May, 1986), pp. 1309-1335.

第三节　罗伯特·帕特南的社会资本理论

一、生平介绍

罗伯特·帕特南（Robert D. Putnam）是美国著名的社会学家、最杰出的政治学家，于 1941 年出生在俄亥俄州地区的克林顿港。罗伯特·帕特南是美国科学院院士，他的研究领域是社会学理论和政治学理论，主要关注社会资本、社会政策、公民参政、社会不公平以及贫困问题，研究成果丰富，出版了十余本专著并发表了大量学术论文。他的很多专著已经被译出版，其中《让民主运转起来——现代意大利的公民传统》（Making Democracy Work: Civic Traditions in Modern Italy）、《独自打保龄——美国社区的衰落与复兴》（Bowling Alone: The Collapse and Revival of American Community）以及《我们的孩子——危机中的美国梦》（Our Kids: The American Dream in Crisis）是最著名的三本社会科学著作，其思想在国内学界有非常深远的影响。

罗伯特·帕特南（Robert D. Putnam）著名著作

序号	作者	译者	书名	出版社	时间
1	罗伯特·帕特南	——	The Beliefs of Politicians ——Ideology, Conflict, and Democracy in Britain and Italy	Yale University Press	1973
2	罗伯特·帕特南	——	The Comparative Study of Political Elites	Prentice Hall	1976
3	罗伯特·帕特南	——	Disaffected Democra-cies——What's Troubling the Trilateral Countries	Princeton Univ Pr	2000
4	罗伯特·帕特南	——	Better Together—— Restoring the American Community	Simon & Schuster	2003
5	罗伯特·帕特南	刘波、祝乃娟、张孜异、林挺进、郑寰	独自打保龄——美国社区的衰落与复兴	中国政法大学出版社	2011
6	罗伯特·帕特南	——	American Grace	Simon & Schuster	2012
7	克瑞斯·阿吉里斯 罗伯特·帕特南	夏林清	行动科学：探究与介入的概念、方法与技能	教育科学出版社	2012

续表

8	罗伯特·帕特南	李筠译、王志泉校、李筠	流动中的民主政体	社会科学文献出版社	2014
9	罗伯特·帕特南	王列、赖海榕	让民主运转起来——现代意大利的公民传统	中国人民大学出版社	2017
10	罗伯特·帕特南	田雷、宋昕	我们的孩子——危机中的美国梦	中国政法大学出版社	2017
11	罗伯特·帕特南	陈信宏	国家如何反弹回升	春山出版社	2021

二、概念界定与理论分析

在专著《使民主运转起来——现代意大利的公民传统》一书中，罗伯特·帕特南首次使用"社会资本"这一概念。该书是罗伯特·帕特南对于二十世纪七十年代意大利制度变革的实证研究，他运用长达二十年的实证研究数据论证了意大利推行的民主政治为什么有的地方成功了，而有的地方却失败了？社会资本正是被作者用来分析意大利南北地区出现制度绩效差异原因的概念工具之一。罗伯特·帕特南调查发现，在北意大利制度绩效高的地区，往往存在着许多活跃度很高的社团组织，人们之间互相信任、互相帮助，积极参与公共事务，与此相反，在南意大利制度绩效差的地区，社团组织较少，人们之间互相不信任，极少参与社会生活。① 因此，他认为社会资本的差异正是意大利南北地区产生制度绩效差异的主要原因，他在《使民主运转起来——现代意大利的公民传统》一书中明确指出"社会资本是指社会组织的特征，诸如信任、规范和网络的社会资源，它们能够通过促进合作行为来提高社会的效率。"②

从以上定义可以看出，在罗伯特·帕特南眼中社会信任、互惠规范（norms of reciprocity）以及公民参与网络是社会资本的三个核心内容，这三者之间互相联系，既能相互促进达到良性循环，也能相互促退造成恶性循环。③ 其中，社会信任是社会资本必不可少的组成部分，在一个共同体中，信任水平越高，合作的可能性就越大。④ 信任需要随时去使用它，人与人之间越是展示相互信任，这种信任水平就会越高，反之就会越低，直至互不信任甚至互相猜疑，即信

---

① 宋祖豪.帕特南社会资本理论研究 [D].辽宁师范大学,2021.

② [美]罗伯特·帕特南.使民主运转起来——现代意大利的公民传统 [M].王列，赖海榕，译.南昌：江西人民出版社，2001:195.

③ [美]罗伯特·帕特南.使民主运转起来——现代意大利的公民传统 [M].王列，赖海榕，译.南昌：江西人民出版社，2001:208.

④ [美]罗伯特·帕特南.使民主运转起来——现代意大利的公民传统 [M].王列，赖海榕，译.南昌：江西人民出版社，2001:199.

任这种形式的社会资本，使用才能增加自身的供给，进而增加积累，搁置不用只会越来越减少自身的供给，甚至会消失殆尽。私人之间的信任在互惠规范和公民参与网络中可以转变成社会信任，故社会信任通常形成于互惠规范和公民参与网络，很多能够增强社会信任的规范为什么能够发展就是因为它们具有互惠性，因此互惠规范不仅能够促进生成社会信任，还能促进公民参与网络的发展。[①] 互惠的规范（尤其是普遍的互惠规范）是一种具有高度生产性的社会资本，遵循了这一规范的共同体，可以有效地约束投机，解决集体行动的问题。[②] 除了社会信任和互惠规范，罗伯特·帕特南认为，公民参与网络是社会资本最基本的组成部分，在一个共同体中，公民参与网络越密，公民为了共同利益而合作的可能性就越大。[③] "任何社会，现代的或传统的，专制的或民主的，封建主义的或资本主义的，都是由一系列人际沟通和交换网

---

① ［美］罗伯特·帕特南. 使民主运转起来——现代意大利的公民传统 [M]. 王列，赖海榕，译. 南昌：江西人民出版社，2001:197-202.

② ［美］罗伯特·帕特南. 使民主运转起来——现代意大利的公民传统 [M]. 王列，赖海榕，译. 南昌：江西人民出版社，2001:202.

③ ［美］罗伯特·帕特南. 使民主运转起来——现代意大利的公民传统 [M]. 王列，赖海榕，译. 南昌：江西人民出版社，2001:203.

络构成的。"① 这些网络可分为"横向"网络和"垂直"网络两大类型,其中把具有相同地位、权力或者爱好、志向等的行为者联系在一起的"横向"网络越密,它跨越的社会分层就越多,就越能促成更加广阔范围的合作,因此可以促进生成社会信任和互惠规范并使其进一步扩散。最后,无论是哪一种形式的社会资本的存量都具有自我增强性和可积累性,②三者之间的良性互动往往会实现自我增强从而增加社会资本积累,反之则会出现恶性循环。

罗伯特·帕特南以社会资本为切入点分析美国社会的发展变迁,在《独自打保龄——美国社区的衰落与复兴》一书中进一步发展和完善了社会资本理论。在该书中,他写到"社会资本指的是社会上个人之间的相互联系——社会关系网络和由此产生的互利互惠和互相信赖的规范。"③ 从定义可以看出,他将在《使民主运转起来——现代意大利的公民传统》一书中提出来的社会资本所包含的"信任、规范与网络"

----

① [美]罗伯特·帕特南.使民主运转起来——现代意大利的公民传统 [M].王列,赖海榕,译.南昌:江西人民出版社,2001:203.

② [美]罗伯特·帕特南.使民主运转起来——现代意大利的公民传统 [M].王列,赖海榕,译.南昌:江西人民出版社,2001:208.

③ [美]罗伯特·帕特南.独自打保龄——美国社区的衰落与复兴 [M].刘波,祝乃娟,张孜异,林挺进,郑寰,译.北京:北京大学出版社,2011:7.

这三个核心内容糅合为一体，并突出了社会关系网络的重要性，同时产生于社会关系网络的"规范"内涵互惠互利与互相信赖。在该书中，罗伯特·帕特南首次区分了社会资本的不同类型，他认为所有形式的社会资本里最重要的区别是连接性社会资本（bridging social capital）和黏合性社会资本（bonding social capital）两种类型。[①] 连接性社会资本在发展上是向外性的，包容度较高，能容纳不同阶层的成员，而黏合性社会资本重点关注自身，包容度较低，就像强力胶一样倾向于强调小圈子的地位，会强化组织成员对内部的忠诚，在发展上是向内性的。[②] 黏合性社会资本有助于加强特定的互惠原则和成员间的团结，可以产生出更加广泛的互惠规则，两种社会资本类型区分的重点在开放性与封闭性上，这种划分反映了不同社会群体的特征。

　　总结罗伯特·帕特南研究社会资本得出的理论，发现他与布尔迪厄和科尔曼一样坚持从社会层面上来研究社会资

---

① ［美］罗伯特·帕特南.独自打保龄——美国社区的衰落与复兴[M].刘波，祝乃娟，张孜异，林挺进，郑寰，译.北京：北京大学出版社，2011:11.

② ［美］罗伯特·帕特南.独自打保龄——美国社区的衰落与复兴[M].刘波，祝乃娟，张孜异，林挺进，郑寰，译.北京：北京大学出版社，2011:12.

本。他也是从"社会关系网络"来分析社会资本，将社会资本理论应用到公共政策和民主治理的宏观层面。他最大的贡献在于充实了布尔迪厄关于社会关系网络的静态定义，加入公民参与合作的动态维度，同时继承了科尔曼把社会资本看作公共产品属性，让社会资本超越个体意义上升到以社会为中心的公共属性上来，既突出动态的能动性，又突出以社会为中心的公共物品性。① 罗伯特·帕特南的研究将社会资本直接推向学术热点，社会资本受到广泛关注，因为他以"结果"来定义"社会资本"就会导致"逻辑上的循环论证和同意反复"，② 所以也受到了人们的抨击。正如亚历山德罗·波茨（Alejandro Portes）指出，分析社会资本要在理论和实证上把概念的定义与其结果区别开，要在一定程度上控制因果方向，在论证中使社会资本的存在先于它的可能结果，要控制其他的、可以解释社会资本及其结果的因素，还要全面认识社区的社会资本的历史来源。③

---

① 吴军，夏建中.国外社会资本理论：历史脉络与前沿动态 [J].学术界，2012(08).

② 张文宏.社会资本：理论争辩与经验研究 [J].社会学研究，2003(04).

③ 张文宏.社会资本：理论争辩与经验研究 [J].社会学研究，2003(04).

第四节　林南的社会资本理论

一、生平介绍

林南（Nan Lin）出生于 1938 年 8 月，是美国杜克大学社会学系教授，是美国著名华裔社会学家，在国际学术界盛誉颇高，在二十世纪八十年代初曾为我国社会学重建工作做出重要贡献。他曾经担任美国杜克大学亚太研究所所长和美国社会学会副会长，他的社会学研究一直致力于突破社会学方法论上"二元对立"的困境，在社会资本、社会关系和社会结构变迁等研究领域取得了丰硕成果，尤其是他提出的"社会资本理论"从个体行动的"理性选择"出发实现了微观与宏观的连接，为社会学研究开辟了一个新的解释范式。林南的代表作有 1973 年的《人类沟通研究》、1976 年的《社会研究的基础》和《社会调查指导手册》、1982 年的《社会结构和网络分析》、1986 年的《社会支持、生活事件与抑郁》、2001 年的《社会资本：关于社会结构与行动的理论》等。

二、概念界定与理论分析

林南对"社会资本"的定义是"期望在市场中得到回报的社会关系投资",[①]是"行动者在行动中获取和使用的嵌入在社会网络中的资源"。[②]从这个定义中可以分析出,在林南看来社会资本的三个要素是资源、个体行动和社会结构。

资源是林南的社会资本理论的核心内容,他在《社会资本——关于社会结构与行动的理论》一书中把资源定义为"物质或符号物品",并对资源如何被个人和群体赋予意义和重要性做了假定。一是假定资源被共识或影响赋予不同的价值;二是假定如果有机会所有行动者都会采取行动维持和获得有价值资源,以促进他们的自我利益;三是假定维持和获得有价值资源是行动的两个主要动机,前者比后者更重要。[③]

个体行动是林南研究社会资本的重要基础,在林南看来,要把握社会资本作为一种投资活动的实质就必须从占据一定

---

① [美]林南.社会资本——关于社会结构与行动的理论[M].张磊,译.上海:上海人民出版社,2005:18.

② [美]林南.社会资本——关于社会结构与行动的理论[M].张磊,译.上海:上海人民出版社,2005:24.

③ [美]林南.社会资本——关于社会结构与行动的理论[M].张磊,译.上海:上海人民出版社,2005:29-31.

社会地位和拥有一定社会资源的个体及个体的行动出发。[①]
对个体行动的研究主要是分析资源是如何被动员起来并转换
成为社会资本的整个过程。林南将个体行动划分为表达性行
动和工具性行动两种类型，表达性行动主要是为了保护既有
的有价值资源，工具性行动主要是为了获得额外的资源。[②]

林南认为，社会结构的四个组成部分是位置、权威、规
则和占据者。资源嵌入在社会结构之中，依附在社会结构中
的不同"位置"上。"权威"作为一种权力的表现形式，描
述了不同"位置"之间的关系，意味着对有价值的资源的控
制和获取机会。共享的"规则"指导着行动主体在资源的控
制和使用过程中的行动和互动，社会结构中的不同"位置"
的"占据者"需要按照共享的"规则"行事。林南指出，社
会结构的正式化以这些要素的表现程度为特征，社会网络代
表着正式性较弱的社会结构。[③] 社会网络不仅存在于各级组
织之中，还存在于个体行动者之间的互动关系中，它在微观

---

① ［美］林南. 社会资本——关于社会结构与行动的理论 [M]. 张
磊，译. 上海：上海人民出版社，2005:42.

② ［美］林南. 社会资本——关于社会结构与行动的理论 [M]. 张
磊，译. 上海：上海人民出版社，2005:44.

③ ［美］林南. 社会资本——关于社会结构与行动的理论 [M]. 张
磊，译. 上海：上海人民出版社，2005:37.

层面上的个体行动和宏观层面上的社会结构之间架起了一座桥梁，林南总结指出社会网络是微观－宏观连接的核心。

分析林南对社会资本的研究发现，他研究社会资本的原则和视野与皮埃尔·布尔迪厄、詹姆斯·S.科尔曼、罗伯特·帕特南都不相同，他的社会资本理论具有显著的创新性。林南将社会资本与资源、个体行动和社会结构等紧密联系起来，从个体行动出发试图将社会资本研究建立在更加具体、更加真实的社会生活层面上，他从微观层次展开的研究为我们构建了一个全新的分析框架，这种创新性的理论构建为我们提供了全新的视角，有助于我们更深入地理解社会现象。

第五节　其他学者的相关论述

一、弗朗西斯·福山的相关论述

弗朗西斯·福山（Francis Fukuyama），1952年10月出生，日裔美籍政治学者。哈佛大学政治学博士，福山在学术生涯中曾师从塞缪尔·P.亨廷顿。福山的学术成就主要体现在他的著作中，其中包括《历史的终结及最后之人》《后人类未来——基因工程的人性浩劫》《跨越断层——人性与社会秩序重建》《信任——社会道德与繁荣的创造》《大分裂——人类本性与社会秩序的重建》和《政治秩序的起源：从前人类时代到法国大革命》等。他的第一本著作《历史的终结及最后之人》使他一举成名。除了学术成就外，福山还因其对国际政治和社会秩序的研究而备受关注。他曾三次入选《外交政策》"全球百大思想家"，并因其对政治和社会秩序的研究而获得过多个国际奖项。总体来说，弗朗西斯·福山是一位备受关注且具有影响力的政治学者，他的学术成就和观点对于理解当代国际政治和社会秩序具有重要意义。福山将自己的政治思想发挥到分析社会文化方面，从文化的角度看待社会资本，强调了"信任"对社会资本的关键性。

　　福山的社会资本观念主要体现在《信任——社会道德与繁荣的创造》《大分裂——人类本性与社会秩序的重建》两本专著和《第三世界季刊》里发表的文章中。最初，福山认为社会资本是"在群体和组织中，人们为了共同的目的在一起合作的能力"。[①]他认为"社会资本是由社会或社会的一部分普遍信任所产生的一种力量，它不仅体现在家庭这种最小、最基本的社会群体中，还体现在国家这个最大的群体中，

---

　　①　弗朗西斯·福山.信任——社会美德与创造经济繁荣[M].彭志华,译.海口:海南出版社,2001:12.

其他群体也同样体现这种资本，社会资本与通过文化机制诸如宗教、传统或风俗等创造和转化的其他形式的人类财富不同"。① 随后，在《大分裂》一书中，他指出"社会资本可以简单地定义为一个群体成员共有的一套非正式的、允许他们之间进行合作的价值观和准则，如果该群体的成员开始期望其他成员的举止行为将会是正当可靠的，那么他们就会相互信任，信任恰如润滑剂，它能使任何一个群体或组织的运转变得更加有效"。② 后来随着研究的深入，他进一步提出："社会资本是一种有助于两个或更多个体之间相互合作，可用事例说明的非正式规范，这种规范从两个朋友之间的互惠性规范一直延伸到那些像基督教或儒教之类的复杂而精巧的教条，牵涉的范围十分广泛。它们必须能够用现实人际关系中的具体事例来说明：互惠性规范潜在于我跟所有人的交往之中，但它只是当我跟我的朋友交往时才成为现实。"③

从上述定义中总结福山对社会资本的理解，我们可以发

① 弗朗西斯·福山. 信任——社会美德与创造经济繁荣 [M]. 彭志华，译. 海口：海南出版社，2001:30.

② 弗朗西斯·福山. 大分裂——人类本性与社会秩序的重建 [M]. 北京：中国社会科学出版社，2002:18.

③ 曹荣湘. 走出囚徒困境——社会资本与制度分析 [M]. 上海：上海三联书店，2003:72.

现福山认为"信任"是社会资本建立的基础，而"信任"又以文化为基础，所以文化成为社会资本生成的决定条件。他认为社会资本还包括共享的价值观和准则的非正式规范，这些非正式规范能够促进个体之间的合作。

二、亚历山德罗·波茨的相关论述

亚历山德罗·波茨（Alejandro Portes）认为社会资本指的是"个人通过他们的成员身份在网络中或在更宽泛的社会结构中获取稀缺资源的能力……获取能力不是个人固有的，而是个人与他人关系中包含的一种资产，社会资本是嵌入的结果。"[①] 波茨还将社会资本区分为两种类型："理性嵌入"和"结构性嵌入"。理性嵌入即双方之间的互惠预期，互惠预期"建立在双方关系取得强迫对方承认的预期能力的基础上。但是当行动的双方成为更大网络的一部分时（即结构性嵌入），信任就会随着相互期待而增加，更大的社区会强制推行各种约束因素，波茨称之为'可强制推行的信任'"。[②]

---

① ［美］托马斯·福特·布朗. 社会资本理论综述 [J]. 木子西, 编译. 马克思主义理论与现实，2002(2).

② ［美］托马斯·福特·布朗. 社会资本理论综述 [J]. 木子西, 编译. 马克思主义理论与现实，2002(2).

波茨认为，社会资本并非仅仅是一种抽象的概念，而是实实在在的个人或团体在社会网络中获取短缺资源的能力。这种能力基于个人的成员资格和网络关系，可以是在特定的社交网络中，也可以是在更广泛的社会结构中。这种获取能力不仅取决于个人或团体的社会地位和资源，更取决于他们在社会网络中的位置、关系以及互动方式。波茨的社会资本理论为我们理解个人或团体在社会网络中获取和利用资源的能力提供了新的视角。

三、罗纳德·S.伯特的相关论述

罗纳德·S.伯特（Ronald S. Burt）师从于詹姆斯·S.科尔曼（James S.coleman），他的学术思想深受科尔曼的影响。他的社会资本理论主要集中在其结构洞（structural holes）理论之中。伯特提出了著名的结构洞理论，根据他理解，结构洞是指"社会网络中的某个或某些个体和有些个体发生直接联系，但与其他个体不发生直接联系或关系间断（disconnection）的现象，从网络整体看好像网络结构中出现了洞穴"。例如，在行动者 A、B、C 中，如果行动者 A、行动者 B 和行动者 C 三者之间相互都有联系，那么这三者之间就形成了一个闭环，网络中资源重复性高，行动者在这个关系网络中往往只能提供重复的资源。如果行动者 A 和行动者 B 之间有关系，行动者 A 与行动者 C 之间也有关系，但行动者 B 和行动者 C 之间没有关系，那么行动者 B 和行动者 C 之间要取得联系必须要通过行动者 A，此时行动者 A 信息收益和控制收益是最强的，最有机会获得非重复性资源。总结而言，结构洞是指两个或多个能够提供非重复性网络利益者之间的结构关系。

伯特把社会资本概述为网络结构给网络中的各结点提供资源和控制资源的程度。[①]他将社会资本理解为一种机会，这种机会源于社会资源配置的不确定性，以及在谋求资源的过程中存在的众多竞争者。伯特认为，个体行动者（包括个人、子单位、组织）可以通过在两个原本不相互联结的小集团之间担当联络员的角色，或者在他们所隶属的群体和他们所参加的另外一个群体之间搭桥（bridging）的作用来提高自己的社会资本。通过减少重复性关系并尽量创造结构洞，行动者可以获得更多的信息利益和控制利益，从而在社会竞争中获得优势。总的来说，罗纳德·S. 伯特的社会资本理论

① ［美］托马斯·福特·布朗. 社会资本理论综述 [J]. 木子西, 编译. 马克思主义理论与现实, 2002(2).

强调了网络结构中的非重复性关系的重要性，以及通过创造和利用结构洞来获取社会资本的优势。伯特的"结构洞"理论为社会资本的研究提供了新的视角和理论工具，深化了我们对社会资本的理解和认识，同时也为我们如何积累和利用社会资本提供了有益的启示。

第三章　社会资本理论的研究取向

回顾第二章中社会资本理论的发展谱系，我们会发现同样是研究社会资本理论，不同学者因为有学术背景差异等各种原因对核心概念的界定总是各有千秋、丰富多彩，这是不同学者受不同学术背景的影响从相异的研究视角为切入点进行研究而呈现出来的研究成果。根据学者们对社会资本概念包含的核心要素的阐释，本章将进一步分析社会资本的特性，梳理学术界对社会资本理论形成的主流观点以及对社会资本理论研究形成的争议和共识。

第一节　社会资本特性分析

社会资本作为现代社会科学中的一个核心概念具有无形性、生产性、嵌入性和不可转让性四大特性，了解社会资本的这些特征有助于我们更好地理解和利用社会资本。本节将围绕这些特性对社会资本进行深入分析。

一、社会资本的无形性

　　社会资本具有无形性。社会资本的无形性是指社会资本是看不见、摸不着的，它不像物质资本那样具有明确的物理形态，也无法像货币那样进行量化。与物质资本不同，社会资本不是由具体的物质实体构成的，而是由人与人之间的关系、信任、合作、规范等因素构成的，这些因素虽然无法直接观察到。社会资本的量化困难与其复杂的本质和多样性有关，虽然有一些方法可以尝试测量社会资本，如社会网络分析、信任调查等，但这些方法往往只能提供有限的度量结果，很难对其进行精确的量化。所以，社会资本的无形性体现在它的非物质性和非量化性上。

二、社会资本的生产性

　　社会资本具有生产性。社会资本的生产性是指社会资本在使用过程中能够不断积累和增长，从而为个人和组织带来更多的资源和机会。行动者通过合作可以实现资源共享、优势互补，从而提高个人和组织的效益。在合作过程中，人们可以建立更加紧密的关系，增强彼此的信任和互惠，进一步推动社会资本的增值。信任、互惠等道德文化规范可以促进人们之间的合作和交流，从而为社会资本的增值提供动力。当人们之间建立了信任关系，就可以更加放心地进行交流和合作，这将有助于扩大社会网络、增加资源和机会。社会资本的使用可以扩展个人和团体的社会网络，从而增加其社会资源和机会。通过参与社会活动、加入社交网络等方式，人们可以结交更多的朋友和合作伙伴，这将有助于提高其社会资本水平，进而带来更多的机会和收益。社会资本还可以促进社会共同体的稳定性和一致性，从而为个人和组织提供更好的发展环境。当社会共同体保持稳定和一致时，人们可以更加安心地从事各种活动，这将有助于提高其生产力和创造力，进一步推动社会资本的增值。社会资本的生产性是其重要特征之一，是通过长期积累而形成的，不会因为使用而被消耗。相反，它会因为使用而不断丰富。它可以通过人际合作、道德文化规范、社会网络扩展以及社会共同体稳定性的维护等方式实现。对于个人和组织来说，善于利用和积累社会资本是实现持续发展的重要途径。

三、社会资本的嵌入性

社会资本具有嵌入性。社会资本的嵌入性是指社会资本是与特定社会结构、社会网络和文化环境紧密相连的，它存在于个体与社会的交互之中，并通过社会网络和制度等形式体现出来。社会资本的嵌入性表现在以下几个方面：一是社会资本是嵌入于社会网络之中，社会网络是连接个体和组织的桥梁。个体通过社会网络建立联系、获取资源和信息，进而形成自己的社会资本。社会网络的规模和密度对个体社会资本的水平具有重要影响，广泛的社会网络意味着更多的资源和机会。二是社会资本嵌入于特定的社会结构之中，受到社会结构的影响和制约。社会结构包括社会阶层、社会组织、社会制度等，这些都对个体社会资本的形成和发展产生重要影响。例如，个体所处的社会阶层决定了其接触到的资源和机会，而社会组织则提供了个体参与社会合作和互动的平台。三是社会资本还嵌入于特定的文化环境之中，受到文化价值观、信仰、习俗等的影响。文化环境塑造了个体的行为方式、交往模式和信任机制，从而对社会资本的形成和发展产生影响。例如，信任是社会资本的重要组成部分，而信任的形成往往受到文化环境的影响。

四、社会资本的不可转让性

社会资本具有不可转让性。社会资本的不可转让性是指社会资本无法轻易转让给他人或其他组织。因为社会资本的形成和积累是基于个体或组织与特定社会网络和文化环境的长期互动和交往，社会资本的转让涉及复杂的社会关系和互动。这种互动和交往建立了信任、合作和规范等社会资本要素，而这些要素与特定的社会结构和网络紧密相关。因此，当个体或组织试图将其社会资本转让给其他人或组织时，这些要素往往无法被完整地转移，因为它们与特定的社会网络和文化环境密切相关。当个体或组织离开特定的社会网络或文化环境时，他们可能会丧失原有的社会资本，因为新的环境可能无法提供相同的社会结构和网络资源。此外，即使个体或组织能够将部分社会资本转移到新的环境中，也需要经过长时间的互动和交往来建立新的社会资本。因此，尽管社会资本对个人和组织具有重要价值，但它不能像物质资本或人力资本那样被轻易转让，因为社会资本与特定社会结构、社会网络和文化环境紧密相连，它嵌入于个体或组织与社会的交互之中，与其承载的网络共生共存。

第二节 社会资本理论的研究立场

社会资本是一个广泛而复杂的概念，涵盖了人与人之间的联系、信任、共享知识、规范和网络等多个方面。从上一章对社会资本理论发展谱系的论述中可以看出，西方学术界对社会资本的研究已经形成了一些共识，例如主张关系的首要地位，将社会资本看作存在于社会关系网络之中的资源等，但这些共识中也存在这分歧，其中就包括个体主义和集体主义两种研究立场。就社会资本研究视角而言，从不同的角度社会资本可以有不同的理解和解释，其中集体主义视角和个体主义视角是两种重要的观点。

一、个体主义立场

从个体主义立场出发研究社会资本的学者在社会关系网络的基础上展开研究，主要考察个体通过社会关系网络获取和利用资源的能力，关注个体在不同的社会关系中如何进行投资？如何通过自己的社会关系网络来获取资源并使这种资源产生回报？从个体主义的立场出发对社会资本进行研究的代表学者是罗纳德·S.伯特、亚历山德罗·波茨和林南。

　　罗纳德·S. 伯特的社会资本理论主要集中在其结构洞（structural holes）理论之中，他的主要关注点是关系网络中的位置。在罗纳德·S. 伯特看来，"（社会资本指）包括同事、朋友在内的普遍的社会联系，这种联系使你获得了使用（其他形式）资本的机会……企业内部和企业间的关系是社会资本……它是竞争成功的最终决定者。"[①] 伯特认为"社会网络是一种社会资本；同质的、重复的网络不会带来社会资本上的增加，能够带来这种收益的关系网络具有特殊的结构特征。"[②] 与罗纳德·S. 伯特不同，亚历山德罗·波茨更加强调个人能力，以个人为中心来理解社会资本，认为社会资本指的是"个人通过他们的成员身份在网络中或在更宽泛的社会结构中获取稀缺资源的能力……获取能力不是个人固有的，而是个人与他人关系中包含的一种资产，社会资本是嵌入的结果"。[③]

　　林南从个体主义的立场出发对社会资本进行研究，其观

① 杨雪冬. 社会资本：对一种新解释范式的探索 [J]. 马克思主义与现实，1999(3).
② 娄缤元，夏建中. 从个人到社会：社会资本理论研究取向的转变 [J]. 新视野，2013(05).
③ [美] 托马斯·福特·布朗. 社会资本理论综述 [J]. 木子西，编译. 马克思主义理论与现实，2002(2).

点和方法主要体现在他的社会资本理论构建上。他认为"社会资本是个体为了在嵌入性资源中获取回报通过工具行动和表达行动而在社会关系中的投资"。[①] 这是一个个体通过社会关系进行投资并在其中获取回报的过程。这一定义明显突出了个体在社会资本形成和利用中的主动性和能动性。林南认为，社会资本并非仅仅是一种集体属性，而是个体在社会关系中通过工具性行动（如交换信息、资源等）和表达性行动（如建立和维护关系、情感交流等）进行投资所形成的能力。在林南的社会资本理论框架中，个体的社会关系网络被视为社会资本的重要组成部分。这些关系网络不仅为个体提供了获取信息、资源和支持的渠道，同时也是个体进行社会互动、建立信任和实现个人目标的重要平台。在这个过程中，个体通过不断的网络建构和维护，以及对网络内资源的有效利用，实现社会资本的增值和提升。林南还强调了个体在社会资本形成和利用中的策略性。他认为，个体并不是盲目地嵌入在社会关系中，而是会根据自己的目标和需求，有选择地建立和维护关系，以及利用这些关系获取资源。这种策略性的行动不仅体现了个体的主动性和能动性，也是社会资本

---

① Lin Nan ,Cook K. ,Burt R. S. Social Capital：Theory and Research［M］. NY：Aldine –de Gruyter , 2001:8.

得以有效发挥作用的关键。

在林南看来，要把握社会资本作为一种投资活动的实质就必须从占据一定社会地位和拥有一定社会资源的个体及个体的行动出发，对个体行动的研究主要是分析资源是如何被动员起来并转换成为社会资本的整个过程。当然，林南从个体主义的立场出发对社会资本进行研究，突出了个体在社会资本形成和利用中的主动性和能动性，同时他也考虑到了社会关系和社会结构等社会层面上的因素，这一视角为我们全面理解社会资本的概念和作用提供了新的视角和思路。

二、集体主义立场

从集体主义立场出发研究社会资本的学者认为社会资本只存在于集体关系或者团体活动之中，只有处于集体之内社会资本才会有效，一旦超越到集体的边界之外就无社会资本可言。在社会资本理论初创阶段，翰尼范（L.J.Hanifan）作为最早独立使用"社会资本"概念的学者，"其对社区纽带重要性的分析和强调，使社会资本理论从诞生起就具备了社会为中心的属性特点。"[①] 继翰尼范之后，皮埃尔·布尔迪厄

---

① 吴军，夏建中.国外社会资本理论：历史脉络与前沿动态 [J]. 学术界，2012(08).

将社会资本定义为"实际的或潜在的资源的集合体，那些资源是同对某种持久性的网络的占有密不可分的，这一网络是大家共同熟悉的、得到公认的，而且是一种体制化关系的网络，或换句话说，这一网络是同某个团体的会员制相联系的，它从集体性拥有的资本的角度为每个会员提供支持，提供为他们赢得声望的'凭证'，而对于声望则可以有各种各样的理解。这些关系也许只能存在于实际状态之中，只能存在于帮助维持这些关系的物质的和 / 或象征性的交换之中"。[①]从这个定义可以看出，布尔迪厄理解社会资本具有集体论的色彩，他强调"体制化关系的网络"内部的凝聚性和对外界的边界感。

詹姆斯·S.科尔曼的研究对社会资本理论研究从个体主义到集体主义的转向有重要影响，他的思想直接推动社会资本理论研究从以个人为中心直接转向以集体 / 社会为中心。詹姆斯·S.科尔曼从功能主义出发来理解社会资本，他指出"社会资本的定义由其功能而来……其共同特征有两个：它们由构成社会结构的各个要素所组成；它们为结构内部的个

---

① 布迪厄.文化资本与社会炼金术 [M].包亚明，译.上海：上海人民出版社，1997:202.

人行动提供便利"。① 社会资本只为结构内部行动者的行动提供便利，因为社会资本以义务与期望、信息网络、权威关系、社会组织、规范和有效惩罚的形式存在，② 这些基于社会信任形成的社会资本只对网络内部成员发挥作用，因此科尔曼对社会资本的分析也具有集体论色彩。他还将集体的内部凝聚力视为社会资本的特殊优势，认为团体内部凝聚力越强、紧密性越高越能提高信任。罗伯特·帕特南对社会资本的理解同样从集体主义立场出发关注团体活动，他认为"社会资本只有在人们参与社会集体活动、从社会关系中获得利益和支持时才能发生"。③ 这个观点已经充分体现在《使民主运转起来——现代意大利的公民传统》和《独自打保龄——美国社区的衰落与复兴》这两本研究社会资本的专著中。弗朗西斯·福山继承了罗伯特·帕特南的思想，他提出："社会资本，是在社会或其下特定的群体中，成员之间的信任普及程度。"④

---

① 　[美]詹姆斯·S.科尔曼.社会理论的基础[M].邓方，译.北京：社会科学文献出版社，1999:279.

② 　宋秀波.关于科尔曼社会资本理论的解读[J].社科纵横，2011(26).

③ 　刘少杰.以行动与结构互动为基础的社会资本研究——评林南社会资本理论的方法原则和理论视野[J].国外社会科学，2004(2).

④ 　[美]弗朗西斯·福山.信任——社会美德与创造经济繁荣[M].彭志华，译.海口：海南出版社，2001:30.

他认为"信任"是社会资本建立的基础，将社会资本的内涵集中在普遍信任和互惠性规范上，使社会资本更加具有"社会性"。

三、从个体主义到集体主义的转向

社会资本理论的研究立场从个体主义立场转向集体主义立场，这一转变具有深远的意义。首先是研究关注的焦点发生转变，个体论的社会资本理论主要关注个体的社会网络、关系和资源，而集体论则更加注重社会网络和关系如何影响集体行动和集体结果。这种转变使得我们能够更深入地理解社会资本的集体层面，以及它如何促进集体目标的实现。其次，从个体论到集体论的转向使得社会资本理论的分析层次更加深化，集体论的社会资本理论不仅关注个体的社会网络和关系，还关注这些网络和关系如何嵌入到更广泛的社会结构和制度中，从而对社会发展和变迁产生影响。再次是理论框架不断扩展，个体论的社会资本理论主要关注个体在社会网络中的资源和关系，而集体论则将其扩展至更宏观的社会结构和集体行动层面，这种转变使得社会资本理论能够更好地解释和分析集体行为、社区发展、社会变迁等宏观社会现象。最后，从个体论到集体论的转向使得社会资本理论在实践应用方面更加广泛。集体论的社会资本理论不仅关注个体的社会网络和关系，还关注这些网络和关系如何影响社区、组织、国家等更宏观层面的发展。因此，它可以为政策制定、社区建设、组织管理等实践活动提供更全面的指导。综上所述，从个体论到集体论的社会资本理论的研究取向转向，不仅扩展了理论框架和分析层次，深化了对社会资本的理解，还强调了集体行动的重要性，并拓展了实践应用的范围。这一转向对于推动社会资本理论的发展和完善以及指导社会实践都具有重要的意义。

从集体主义立场出发研究社会资本的学者形成了一个共识，即社会关系（网络）的重要性。既然社会资本生成和运行是通过社会关系（网络）发生的，而社会关系（网络）又具有开放性，布特（Ronald Burt ）和格兰诺维特（ Mark Granovetter）等学者也已经证明社会关系（网络）之间的"桥"可以有效连接不同的网络，那么我们就不能只一味地强调社会资本的"集体性"，还应将集体关系和团体活动与个体行动联系起来。所以，我们应当注意的是无论是集体主义立场还是个体主义立场都有其合理性，因为既然是"社会资本"，就必须在社会层面上通过社会关系和社会结构来进行分析，同时也要把团体活动、集体关系与个体行为联系起来才能抓住形成社会资本的最真实最具体的因素。因为社会资本的生成和利用即涉及集体行动和社会结构的影响，也涉及个体社会关系网络和个人能力的作用。因此，在实际研究中我们需要综合考虑集体和个体两个层面的因素，综合运用两种视角以更全面地理解和解释社会资本的形成和利用。

第三节　社会资本理论的主流观点

关于社会资本的理解有社会资源说、社会关系网络说、获取能力说、价值观念说、社会参与说等。社会资源说以皮埃尔·布尔迪厄（Pierre Bourdieu）、林南（Nan Lin）为代表，社会关系网络说以詹姆斯·S.科尔曼（James S.coleman）为代表，获取能力说以亚历山德罗·波茨（Alejandro Portes）为代表，价值观念说以弗朗西斯·福山（Francis Fukuyama）为代表，社会参与说以罗伯特·帕特南（Robert D. Putnam）为代表。

一、社会资源说

社会资源说主要将社会资本视为可以被行动者通过各

种形式的社会关系网络获取的资源。这一观点的代表人物包括皮埃尔·布尔迪厄（Pierre Bourdieu）、詹姆斯·S. 科尔曼（James S.coleman）和林南（Nan Lin）。其中，布尔迪厄在1980年首次对社会资本的概念进行了正式界定，他在《文化资本与社会炼金术》一书中将社会资本定义为"实际的或潜在的资源的集合体"。① 他认为社会资本是一种资源的集合体，这种资源可以以实际或潜在的形式表现出来，并与某种持久性的关系网络紧密联系，社会资本体现的是资源，这些资源与特定群体的关系网络紧密相关。② 科尔曼认为："社会资本是指嵌入在社会结构或人际网络的社会联系中，为个人或组织所控制和利用，有助于实现其行动目的的显在或潜在的各种资源。"③ 林南将"社会资本"定义为"行动者在行动中获取和使用的嵌入在社会网络中的资源"。④ 他认为，社会资本存在于社会结构之中，强调了行动者以嵌入的方式参与

---

　　①　布迪厄. 文化资本与社会炼金术 [M]. 包亚明，译. 上海：上海人民出版社，1997:202.

　　②　Bourdieu, P. The Forms of Capital [M], Nice,R.（trans.）. In Richardson, J.（ed.），Handbook of Theory and Research for the Sociology of Education.Westport: Greenwood Press，1986:248-249.

　　③　[美] 詹姆斯·S. 科尔曼. 社会理论的基础 [M]. 邓方，译. 北京：社会科学文献出版社，1999:354.

　　④　[美] 林南. 社会资本——关于社会结构与行动的理论 [M]. 张磊，译. 上海：上海人民出版社，2005:24.

社会网络是为了获取自身需要的那些嵌入在社会网络中的资源，而嵌入在社会网络中的资源只有通过行动者的动员才能成为现实社会资本。

关于"社会资源说"的论述摘编

学者	有关"社会资本"的论述	资料原始出处	转引文献名称
皮埃尔·布尔迪厄（Pierre Bourdieu）	实际或潜在的资源集合，这些资源与拥有相互熟识和认可的、或多或少制度化的关系的持久网络相联系。	1980年发表在《社会科学研究》上的文章里，题为《社会资本随笔》	吴军,夏建中.国外社会资本理论：历史脉络与前沿动态[J].学术界,2012(08).
皮埃尔·布尔迪厄（Pierre Bourdieu）	社会资本是实际的或潜在的资源的集合体，那些资源是同对某种持久性的网络的占有密不可分的。	The Forms of Capital（1986年）	Bourdieu, P. The Forms of Capital [M], Nice, R. (trans.). In Richardson, J. (ed.), Handbook of Theory and Research for the Sociology of Education.Westport: Greenwood Press, 1986:248-249.

续表

詹姆斯·S.科尔曼（James S.coleman）	社会资本是指嵌入在社会结构或人际网络的社会联系中，为个人或组织所控制和利用，有助于实现其行动目的的显在或潜在的各种资源。	Foundations of Social Theory (1990)	詹姆斯·科尔曼.社会理论的基础 [M].邓方，译.北京：社会科学文献出版社，1999:354.
林南（Nan Lin）	社会资本——作为在市场中期望得到回报的社会关系投资——可以定义为在目的性行动 (purposive action) 中被获取的和 / 或被动员的、嵌入在社会结构中的资源。	Social Capital: A Theory of Social Structure and Action (2001)	林南.社会资本——关于社会结构与行动理论 [M].张磊，译.上海：上海人民出版社，2005:28.

　　社会资源说的核心观点是，社会资本不是个人拥有的私有财产，而是嵌入在社会关系网络中的资源。这些资源可以通过网络关系来获取和利用，从而为个人或团体带来利益。社会网络是社会资本存在和发挥作用的平台，通过网络的连接和资源共享，行为人可以获得更多的机会和资源，进而实现自身的发展和目标。

二、社会关系网络说

　　社会关系网络说在社会资本理论中认同度较高，这种观点强调社会关系网络的首要地位，从形式上来理解社会资本，将社会资本看作社会关系网络。在这个视角下，社会关系网络不仅包括人与人之间通过各种形式（如血缘、地缘、业缘等）建立起来的相对稳定的联系，也包括社会中各种行动者（可以是个人、组织、群体等）之间的关系所构成的复杂网络。社会关系网络的形成和维持主要依赖于人与人之间的互动和交流，可能是基于共同的利益、情感、信仰等因素，也可能是由于某种社会制度或规则而形成的。

关于"社会关系网络说"的论述摘编

学者	有关"社会资本"的论述	资料原始出处	转引文献名称
翰尼范 (L.J.Hanifan)	如果个体和邻里之间的相互接触和交往增多，社会资本就会产生并不断积累；社会资本不仅能够满足社会的需要，而且还能激发潜在的动力来改善整个社区大众的生活条件。	The Rural School Community Centre (1916)	吴军,夏建中.国外社会资本理论：历史脉络与前沿动态 [J].学术界 , 2012(08).
简·雅各布斯 (Jane Jacobs)	街区邻里之间形成的社会网络是一个城市不可替代的社会资本。	The Death and Life of Great American Cities(1961)	吴军,夏建中.国外社会资本理论：历史脉络与前沿动态 [J].学术界 , 2012(08).
皮埃尔·布尔迪厄（Pierre Bourdieu）	这些资源与拥有相互熟识和认可的、或多或少制度化的关系的持久网络相联系。	1980 年发表在《社会科学研究》上的文章里，题为《社会资本随笔》	吴军,夏建中.国外社会资本理论：历史脉络与前沿动态 [J].学术界 , 2012(08).

续表

| 皮埃尔·布尔迪厄（Pierre Bourdieu） | 那些资源是同对某种持久性的网络的占有密不可分的，这一网络是大家共同熟悉的、得到公认的，而且是一种体制化关系的网络，或换句话说，这一网络是同某个团体的会员制相联系的，它从集体性拥有的资本的角度为每个会员提供支持，提供为他们赢得声望的'凭证'，而对于声望则可以有各种各样的理解，这些关系也许只能存在于实际状态之中，只能存在于帮助维持这些关系的物质的和 / 或象征性的交换之中。[1] | The Forms of Capital（1986年） | Bourdieu, P. The Forms of Capital [M], Nice,R. (trans.). In Richardson, J. (ed.), Handbook of Theory and Research for the Sociology of Education.Westport: Greenwood Press，1986:248-249. |

---

[1] Bourdieu, P. The Forms of Capital [M], Nice,R. (trans.). In Richardson, J. (ed.), Handbook of Theory and Research for the Sociology of Education.Westport: Greenwood Press，1986:248-249.

续表

詹姆斯·S.科尔曼（James S.coleman）	社会资本存在于人际关系的结构之中。	Foundations of Social Theory（1990）	詹姆斯·科尔曼.社会理论基础[M].邓方,译.北京：社会科学文献出版社，1999:279.
詹姆斯·S.科尔曼（James S.coleman）	社会资本表现为人与人之间的关系，通过社会关系的投资可以积累和增加社会资本。	Foundations of Social Theory（1990）	詹姆斯·科尔曼.社会理论基础[M].邓方,译.北京：社会科学文献出版社，1999:356.
罗伯特·普特南（Robert D.Putnam）	普遍的互惠是一种具有高度生产性的社会资本……有效的普遍互惠规范可能会与密集的社会交换网络相连。[1]	Making Democracy Work: Civic Traditions in Modern Italy（1993）	罗伯特·普特南.使民主运转起来——现代意大利的公民传统[M].王列,等,译.南昌：江西人民出版社，2001:202.
罗纳德·博特(Ronald Burt)	社会资本的网络结构受到网络限制、网络规模、网络密度和网络等级制等因素的影响。	The Social Structure of Competition（1993）	张文宏.社会资本理论争辩与经验研究[J].社会学研究,2003(4).

---

① 罗伯特·普特南.使民主运转起来——现代意大利的公民传统[M].王列，等，译.南昌：江西人民出版社，2001:202.

皮埃尔·布尔迪厄（Pierre Bourdieu）将社会资本视为"资源的集合体"的同时认为"那些资源是同对某种持久性的网络的占有密不可分的，这一网络是大家共同熟悉的、得到公认的，而且是一种体制化关系的网络，或换句话说，这一网络是同某个团体的会员制相联系的"。① 在布尔迪厄看来，社会资本与社会网络有着密切联系，"网络"和"资源"是社会资本构成的基础，社会资本是一种可以从中吸取某种资源的社会网络关系，每一个被联系在社会网络中的社会成员均可受益，但受益程度因个人实践能力大小不同而有所区别。美国社会学家科尔曼从结构功能的视角出发，指出"社会资本存在于人际关系的结构之中"，②"社会资本表现为人与人之间的关系，通过社会关系的投资可以积累和增加社会资本，"③"社会资本基本上是无形的，它表现为人与人的关系"，④ 人们通过社会关系形成的人际关系网络为个人提供了

---

① 布迪厄. 文化资本与社会炼金术 [M]. 包亚明，译. 上海：上海人民出版社，1997:202.

② [美] 詹姆斯·S. 科尔曼. 社会理论的基础（上）[M]. 邓方，译. 北京：社会科学文献出版社，1999:279.

③ 詹姆斯·S. 科尔曼. 社会理论的基础（上）[M]. 邓方，译. 北京：社会科学文献出版社. 1999:356.

④ 贺琛，鲁逸楠，付文婷. 社会资本研究综述 [J]. 湖北经济学院学报（人文社会科学版），2018,15(7).

社会资本这种新的资源。帕特南在其著作《使民主运转起来》中深入探讨了这一观点。他认为，社会关系网络不仅是一个社会结构，更是一种能够影响社会行动和结果的重要资源。这种网络由各种社会联系组成，包括家庭、朋友、邻居、同事、组织等，它们为个人提供了信息、支持和资源，从而影响着个体的行为。总之，帕特南强调了社会关系网络在社会资本和民主制度运转中的重要性，认为通过建立和维持广泛的社会关系网络，可以增强社会凝聚力和合作力，从而促进社会的稳定和发展。帕特南进一步指出，社会关系网络对于民主制度的运转至关重要。广泛的公民参与网络能够增强公民之间的联系和信任，从而促进合作和集体行动。这种合作和集体行动对于民主制度的稳定和发展至关重要。此外，帕特南还强调了社会关系网络中的互惠原则。他认为，互惠原则是社会关系网络中的核心规范之一，它能够促进人们之间的合作和互助，从而增强社会凝聚力。这种互惠原则不仅有助于个体在社会关系网络中获得支持和资源，还能够推动整个社会的发展和进步。罗纳德·博特则认为社会资本的网络结构受到网络限制、网络规模、网络密度和网络等级制等因素的影响。①

三、获取能力说

关于社会资本的获取能力说，主要是从行动主体与社会联系的角度来理解社会资本。这种观点认为，社会资本是行动主体通过与社会的联系获取稀缺资源的能力。亚历山德罗·波茨是社会资本获取能力说的代表人物之一。他提出社会资本是指"个人通过他们的成员身份在网络中或在更宽泛的社会结构中获取稀缺资源的能力……获取能力不是个人固有的，而是个人与他人关系中包含的一种资产"。② 在获取能力说的视角下，社会资本的价值在于它能够帮助行动主体获取所需的稀缺资源，从而提升自身的竞争力和社会地位。这种资源获取的过程，往往需要通过建立和维护社会关系网络来实现。在这个过程中，信任、规范、合作等因素都会起到重要的作用。

---

① 张文宏. 社会资本理论争辩与经验研究 [J]. 社会学研究，2003(4).
② 托马斯·福特·布朗. 社会资本理论综述 [J]. 木子西，编译. 马克思主义理论与现实，2002(2).

关于"获取能力说"的论述摘编

学者	有关"社会资本"的论述	资料原始出处	转引文献名称
亚历山德罗·波茨（Alejandro Portes）	通过个体具有的成员资格身份在宽泛的社会结构（如组织、网络等）中获得短缺资源的能力，而且，这种获取社会资本的能力不是固定不变的，而是存在于个体之间变动着的关系中，社会资本是嵌入的结果。①	Economic Sociology and the Sociology of Immigration: A Conceptual Overview（1995）	吴军，夏建中.国外社会资本理论：历史脉络与前沿动态[J].学术界，2012(08).
亚历山德罗·波茨（Alejandro Portes）	个人通过他们的成员身份在网络中或在更宽泛的社会结构中获取稀缺资源的能力……获取能力不是个人固有的，而是个人与他人关系中包含的一种资产，社会资本是嵌入的结果。②	Social Capital: Its Origins and Applications in Modern Sociology（1998）	托马斯·福特·布朗.社会资本理论综述[J].木子西，编译.马克思主义理论与现实，2002(2):43.

---

① 吴军，夏建中.国外社会资本理论：历史脉络与前沿动态[J].学术界，2012(08).

② 托马斯·福特·布朗.社会资本理论综述[J].木子西，编译.马克思主义理论与现实，2002(2).

与社会资源说和社会关系说相比，获取能力说更加注重行动主体的主动性和能动性。它认为，社会资本并不仅仅是一种被动的资源或网络结构，更是一种主动的能力。行动主体需要通过不断的学习、实践和创新，提升自己的社会资本摄取能力，从而更好地适应和应对复杂多变的社会环境。社会资本的获取能力说为我们理解社会资本的价值和作用提供了新的视角。它强调了行动主体的主动性和能动性，突出了社会资本在资源获取和社会竞争中的重要作用。同时，也提醒我们要不断学习和提升自己的社会资本获取能力，以更好地应对复杂多变的社会挑战。

四、价值观念说

社会资本的价值观念说主要是从价值观念和社会规范的角度来理解社会资本。这种观点认为，社会资本是一种共同的价值观、准则和信任，它们可以促进社会成员之间的合作和共同行动，从而维护社会的稳定和持续发展。价值观念说认为社会关系网络中的信任、规范、合作等因素能够促进集体行动和社会效率。

美籍学者福山是社会资本价值观念说的重要代表之一。

他认为，一个共同体社会中必然存在着一些所有成员必须共同遵守的价值观或准则，这些价值观或准则不仅是社会成员之间进行良好合作的基础，也是维系共同体存在和发展的重要因素。福山进一步指出，在这些价值观中，信任是最为核心的价值。只有当社会成员之间建立起了相互信任的关系，才能有效地促进合作和共同行动，从而实现社会的稳定和繁荣。除了福山之外，其他学者也对社会资本的价值观念说做出了贡献。例如，美国学者普特南认为社会资本是一种社会组织特征，如信任、规范、网络等。[①]认为信任不仅是个体间的心理现象，更是一种社会资本，它可以在社会网络中传递和积累，是社会网络的组成部分，同时也是社会网络的特征。社会网络中的这些价值观念和社会规范可以视为一种公共物品，它们对于整个社会的福祉都具有重要意义。

---

① ［美］罗伯特·D.帕特南.使民主运转起来——现代意大利的公民传统［M］.王列，赖海榕，译.北京：中国人民大学出版社，2014:216.

关于"价值观念说"的论述摘编

学者	有关"社会资本"的论述	资料原始出处	转引文献名称
罗伯特·普特南(Robert D.Putnam)	社会资本是指社会组织的特征,诸如信任、规范和网络的社会资源,它们能够通过促进合作行为来提高社会的效率。①	Making Democracy Work: Civic Traditions in Modern Italy (1993)	罗伯特·普特南.使民主运转起来——现代意大利的公民传统 [M].王列,等,译.南昌:江西人民出版社,2001:195.
罗伯特·普特南(Robert D.Putnam)	信任是社会资本的必不可少的组成部分。	Making Democracy Work: Civic Traditions in Modern Italy (1993)	罗伯特·普特南.使民主运转起来——现代意大利的公民传统 [M].王列,等,译.南昌:江西人民出版社,2001:199.

---

① 罗伯特·普特南.使民主运转起来——现代意大利的公民传统 [M].王列,赖海榕,译.南昌:江西人民出版社,2001:195.

续表

罗伯特·普特南（Robert D.Putnam）	社会资本，如信任、规范和网络，一般说来都是公共品（public goods），而常规资本一般则是私人品（private goods）。	Making Democracy Work: Civic Traditions in Modern Italy （1993）	罗伯特·普特南.使民主运转起来——现代意大利的公民传统 [M].王列,等,译.南昌:江西人民出版社,2001:220.
弗朗西斯·福山（Francis Fukuyama）	社会资本是由社会中的普遍信任产生的一种力量；它不仅体现在家庭这种最小、最基本的社会群体中，还体现在国家这个最大的群体中，其他群体也同样体现这种资本；社会资本与通过文化机制诸如宗教、传统或风俗等创造和转化的其他形式的人类财富不同。①	[美]弗朗西斯·福山.信任——社会美德与创造经济繁荣 [M].李婉容译,呼和浩特市:远方出版社,1998:34.	[美]弗朗西斯·福山.信任——社会美德与创造经济繁荣 [M].李婉容,译.呼和浩特市:远方出版社,1998:34.

---

① [美]弗朗西斯·福山.信任——社会美德与创造经济繁荣 [M].李婉容,译.呼和浩特市:远方出版社,1998:34.

弗朗西斯·福山（Francis Fukuyama）	社会资本可以简单地定义为一个群体成员共有的一套非正式的、允许他们之间进行合作的价值观和准则。如果该群体的成员开始期望其他成员的举止行为将会是正当可靠的，那么他们就会相互信任。信任恰如润滑剂，它能使任何一个群体或组织的运转变得更加有效。①	弗朗西斯·福山.大分裂—人类本性与社会秩序的重建[M].刘榜离，等，译.北京：中国社会科学出版社，2002:18.	弗朗西斯·福山.大分裂—人类本性与社会秩序的重建[M].刘榜离，等，译.北京：中国社会科学出版社,2002:18.
弗朗西斯·福山（Francis Fukuyama）	社会资本是一种有助于两个或更多个体之间相互合作、可用事例说明（instantaited）的非正式规范，这种规范从两个朋友之间的互惠性规范一直延伸到那些像基督教或儒教之类的复杂而精巧的教条，牵涉的范围十分广泛。它们必须能够用现实人际关系中的具体事例来说明：互惠性规范潜在地（inpotentoal）存在于我跟所有人的交往之中，但它只是当我跟我的朋友交往时才成为现实。就这种定义来说，信任、网络、公民社会以及诸如类似的事物虽同社会资本相关联，但都属于附带现象（epiphenominal），即它们是社会资本的结果，而不是社会资本本身。②	发表在美国《第三世界季刊》上的文章里，题为《公民社会与发展》	曹荣湘.走出囚徒困境：社会资本与制度分析[M].上海：上海三联书店，2003 :72.

---

① 弗朗西斯·福山.大分裂——人类本性与社会秩序的重建[M].刘榜离，等，译.北京：中国社会科学出版社,2002:18.

② 曹荣湘.走出囚徒困境：社会资本与制度分析[M].上海：上海三联书店，2003 :72.

社会资本的价值观念说强调了信任、准则、规范和价值观在促进社会合作和共同行动中的重要作用，社会资本的价值不仅在于它所能够带来的物质利益，更在于它所能够带来的社会凝聚力和稳定性。通过共同的价值观和准则，社会成员可以建立起相互信任的关系，形成紧密的社会网络，从而有效地应对各种挑战和危机。这种价值观念说强调了社会资本在社会整合和社会治理中的重要作用，为我们理解社会资本提供了新的视角，也为我们推动社会发展和治理提供了重要的思路和启示。

五、社会参与说

社会参与说认为社会资本是行动者通过嵌入的方式在参与社会关系网络的过程中获得成员资格，从而拥有的获取自身需要的资源的能力，社会参与说以美国社会学家亚历山德罗·波茨（Alexander Portes）和罗伯特·帕特南（Robert D. Putnam）为代表。

学者	有关"社会资本"的论述	资料原始出处	转引文献名称
罗伯特·普特南（Robert D.Putnam）	公民参与网络属于密切的横向互动，这些网络是社会资本的基本组成部分。在一个共同体中，此类网络越密，其公民就越有可能进行为了共同利益的合作。	Making Democracy Work: Civic Traditions in Modern Italy（1993）	罗伯特·普特南.使民主运转起来——现代意大利的公民传统[M].王列,等,译.南昌:江西人民出版社,2001:203.

亚历山德罗·波茨（Alexander Portes）提出社会资本是个人在网络或社会结构中获取资源的能力,①波茨的观点基于这样的理解：社会资本的形成依赖于个体的社会参与，这种参与可以是在社区、组织、团体等各个层面上的。通过参与，个体能够建立信任关系、形成共享规范，进而形成社会资本。这些社会资本可以进一步促进合作和集体行动，从而实现社会的稳定和进步。总的来说，波茨的社会参与说强调了社会参与在形成和积累社会资本中的重要性，同时也突出了社会资本在促进社会合作和集体行动中的关键作用。

罗伯特·帕特南（Robert D. Putnam）的社会资本理论强调了社会参与和社会规范在促进民主制度运转中的重要

---

① 吴军,夏建中.国外社会资本理论:历史脉络与前沿动态[J].学术界，2012(08).

性。他认为，通过建立和维持广泛的社会参与网络以及培养互惠规范，可以有效地提高社会效率，增强民主制度的稳定性和活力。他认为广泛的公民参与网络中开展的频繁的交往活动，可以使公民为了共同的利益进行合作。这种合作能够增强社会凝聚力，提高社会效率，进而推动民主制度的运转。

　　本节概述了社会资本理论在发展历程中学者们的研究，虽然形成了社会资源说、社会关系网络说、获取能力说、价值观念说、社会参与说五种主流观点，但其中有一些学者可以被称为是"混合型学者"。例如，皮埃尔·布尔迪厄将社会资本视为"资源的集合体"的同时认为社会资本与社会网络有着密切联系，"网络"和"资源"是社会资本构成的基础，社会资本是一种可以从中吸取某种资源的社会网络关系。罗伯特·帕特南认为社会资本是指社会组织的特征，诸如信任、规范和网络的社会资源，[①]同时他又十分强调社会参与的重要性。科尔曼即把社会资本定义为社会结构，同时又特别强调主体的特征和能力。在这五种主流观点中，社会资源说和社会关系网络说更注重分析行动者在社会关系网络中进行投资和期望回报的假设，体现出较为明显的个体主义倾向，

---

　　① ［美］罗伯特·帕特南. 使民主运转起来——现代意大利的公民传统［M］. 王列，赖海榕，译. 南昌：江西人民出版社，2001：195.

而获取能力说、价值观念说和社会参与说却更加关注以社会为中心的理论内涵。

第四节 社会资本理论的共识与争议

学者们对社会资本的研究达成了一些共识，但是争议和分歧依然存在。

一、社会资本的共识

一是将社会资本看作是一种"资源"的观点在学术界得到了广泛的认同。这种观点认为，社会资本是嵌入在社会网络或社会结构中的资源，这些资源可以被个体或组织所控制和利用，以实现其行动目标。将社会资本视为"资源"有以下几个关键特征：首先社会资本作为资源具有可获取性，可以被个体或组织通过社会网络或关系来获取，这些资源可以包括信息、支持、合作机会等，对于个体或组织的成功至关重要。其次是社会资本具有价值，因为它能够帮助个体或组织实现其目标，这些资源可以提供所需的支持、信任、合作等，从而增强个体或组织在社会中的地位和影响力。再次是社会资本是嵌入在社会网络或社会结构中的，它不能脱离这些网络或结构而单独存在。这意味着社会资本的价值和可获取性受到个体或组织所处的社会环境和网络的影响。最后是社会资本也可以被看作是一种可以投资的资源，个体或组织可以通过建立和维护社会关系来积累社会资本，以便在未来获取回报。从个体行动者的角度来看，将社会资本视为资源强调了个体在网络中的主动性和策略性。个体需要了解并利用自己所嵌入的网络资源来获取所需的支持、信任和合作机会，从而实现自己的目标。同时，个体也需要不断地投资和维护自己的社会关系，以确保社会资本的持续积累和利用。从社会的角度来看，社会资本作为资源也具有重要的价值。它可以促进社会的信任、合作和凝聚力，从而增强社会的稳定性和繁荣。同时，社会资本也可以作为一种公共资源，促进社区的发展和公共利益的实现。

二是学术界对社会资本具有无形性、生产性、嵌入性和不可转让性等特性基本达成一致看法。首先，社会资本不像物质资本那样具有明确的物质形态，它是一种无形的资源，主要体现在社会关系、信任、规范、网络等方面，这些元素都是无形的。其次，社会资本具有生产性，它能够为个体和组织带来收益和回报。再次，社会资本是嵌入在社会网络和社会结构中的，它不能脱离这些环境而单独存在，理解和利用社会资本需要考虑到其嵌入性的特征。最后，社会资本通常是不能直接转让的，它与特定的个体或组织紧密相关，并且受到社会环境和网络结构的限制。

三是将关系、网络、信任和规范等要素视为社会资本的主要内容在学术界得到了广泛的认同，这些要素被认为是构成社会资本核心组成部分。关系是社会资本的基础，指的是个体或组织之间所建立的联系和纽带，这些关系可以基于血缘、地缘、业缘等不同的社会联系而形成，它们为个体或组织提供了信息流通、资源共享和相互支持的渠道，关系的强度和广度对于社会资本的质量和数量具有重要影响。网络是社会资本的重要表现形式，由多个个体或组织通过关系相互连接而成的结构，它为个体或组织提供了更广泛的社会资源和机会。通过网络的连接和互动，个体或组织可以获取更多的信息、资源和支持，从而实现其目标，关系网络的复杂性和多样性对于社会资本的价值和功能具有重要影响。信任是社会资本的重要组成部分，它可以降低社会交往中的不确定性和风险，促进合作和互惠互利的行为。规范可以调节个体或组织之间的行为和互动方式，促进社会秩序和稳定，信任和规范都是社会资本持续性和稳定性的重要支撑。关系、网络、信任和规范等要素之间相互关联、相互作用，共同构成了社会资本的核心内容，这些要素也是社会资本研究的重要对象和关注点。

二、社会资本的争议

　　尽管，学术界对社会资本的研究达成了一些共识，但是依然存在争论和分歧，例如社会资本研究是应以个体行动者为中心还是要以社会为中心？个体主义立场的学者更加关注个体行为在社会资本生成和利用中的作用，试图从更加具体和真实的社会生活层面出发来研究社会资本。这一视角认为，社会资本是个体通过社会关系网络获取和利用资源的能力，主要关注个体在不同的社会关系中如何进行投资？如何通过自己的社会关系网络来获取资源、提高社会地位和实现个人目标？在个体主义视角下，社会资本的研究主要关注个体的社会关系网络、信任、声誉、社会参与等因素对社会资本的影响，以及如何通过这些因素来提高个体的社会资本水平。集体主义立场的学者并不是否认个体论者在个体层面上的研究，他们只是认为社会资本更需要关注集体行动和社会结构，认为社会资本是在集体行动和社会互动中形成的，对于促进集体行动、增强社会凝聚力、提高社会效率等方面具有重要作用。在集体主义视角下，社会资本的研究主要关注社会结构、社会网络、社会关系等因素对社会资本的影响，以及如何通过这些因素来增强社会资本的积累和利用。

学术界对于以个体行动者为中心和以社会为中心研究社会资本的分歧主要体现在以下三个方面。一是研究的关注点不一样，以个体行动者为中心的研究更侧重于个体的策略性行动、社会关系网络中的投资和回报，强调个体的主动性和选择权。而以社会为中心的研究则更注重社会结构、信任和规范对个体行为的影响，侧重于社会资本作为一种社会属性的研究。二是方法论上具有差异，个体中心的研究通常采用微观数据，如个体调查、社交网络分析来探究个体层面的社会资本，而以社会中心的研究则更多地关注普遍的社会信任、互惠的行为规范等结构性社会资本和认知性社会资本，以研究社会资本在社会层面的影响和效果。三是解释力度不一样，个体中心的研究往往能更好地解释个体行为和决策背后的动机和策略，但可能忽略了社会结构和文化因素的作用，而社会中心的研究虽然能更全面地揭示社会资本在社会层面的作用，但也可能对个体行为的多样性和复杂性进行过度简化。

尽管存在争议，但许多学者也尝试将两种研究路径进行整合，以更全面地理解社会资本的本质和作用。例如，一些研究将个体行动者的策略性行动嵌入到社会网络结构中进行考察，或者从微观到宏观的不同层面上探究社会资本的影响。总的来说，学术界对于以个体行动者为中心和以社会为中心研究社会资本的争议反映了社会资本本身的复杂性和多样性。不同的研究路径和理论框架都有其独特的价值和局限性，需要相互补充和整合以更全面地理解社会资本的本质和作用。

第四章　社会资本理论经典著作解读

社会资本，一个在当今社会科学领域备受瞩目的概念，自其诞生以来，便以其独特的视角和深刻的洞见引领我们重新审视个体与社会之间的关系。它不仅仅是一种资源，更是一种连接人与人、人与社会、人与自然之间的纽带。本章旨在深入解读社会资本理论的经典著作，揭示其内涵与价值，以期激发读者对这一领域更深入的探索与思考。

第一节　关于布尔迪厄社会资本理论
经典著作的解读

皮埃尔·布尔迪厄的《文化资本与社会炼金术》是一部深刻探讨文化资本在社会结构中作用的重要著作。布尔迪厄以其独特的社会学视角，揭示了文化资本如何在不同社会阶层中传递和积累，以及它如何影响个体的社会流动和社会结构的再生产。本书评旨在探讨布尔迪厄的主要观点，评析其理论的影响力及其在当代社会的相关性。在探究社会结构与文化资本之间千丝万缕的关系时，法国社会学家皮埃尔·布尔迪厄的著作《文化资本与社会炼金术》通过丰富的实证研究和理论分析，展示文化资本在社会分层和个体命运中发挥着不可或缺的作用。

一、《文化资本与社会炼金术》篇章架构

《文化资本与社会炼金术》是一部深入探索文化资本在社会生活中作用的作品。我们希望通过这部作品，帮助读者更好地理解文化资本的重要性，以及如何运用社会炼金术去更好地利用文化资本。同时，我们也希望通过这部作品，激发读者对社会学和人类社会的深入思考和探索

编者前言部分，作者向读者介绍在《文化资本与社会炼金术》这部作品中，将探索文化资本在社会生活中的影响，以及如何通过社会炼金术，也就是一种积极塑造和调整社会关系与资源的能力，去更好地理解和利用文化资本。因为文化资本不仅仅是一种精神财富，更是一种具有深远影响的社

会力量。

在"自画像"部分，通过自画像的方式，深入剖析文化资本在个体生活中的体现，从个体的视角出发，探讨文化资本如何塑造我们的价值观、行为方式，以及我们如何借助文化资本在社会中定位自我。

在"精神之旅快照"部分，通过一系列的精神之旅快照，展示文化资本如何在不同的生活场景中发挥作用。无论是学术、艺术还是日常生活中，文化资本都扮演着重要的角色。通过展示这些快照能够帮助读者更好地理解文化资本的重要性。

在"游戏规则与婚姻"部分，通过对婚姻市场的探讨，进一步揭示文化资本在社会规则中的运作。婚姻不仅仅是一种个人的选择，更是一种社会现象。在这个过程中，文化资本如何影响我们的选择，以及我们如何运用文化资本去争取理想的婚姻，都是这一部分将要探讨的问题。

"知识分子与被统治"部分关注知识分子在文化资本中的地位和作用。知识分子作为社会中的特殊群体，他们拥有丰富的文化资本，并有能力去影响和塑造社会。然而，他们也可能因此成为被统治的对象。我们将探讨这种矛盾的现象，以及知识分子如何在这种环境中保持独立和批判性。

最后一部分"反观社会学真谛"探讨文化资本与社会炼金术在社会学中的位置。社会学作为一门研究社会的科学，它不仅关注社会的结构和功能，也关注社会中的文化和资本。我们将通过回顾社会学的发展历程，以及分析一些重要的社会学理论，来揭示文化资本和社会炼金术在社会学中的重要性和意义。

二、布尔迪厄对资本的解读

书中布尔迪厄通过对比资本和轮盘赌的关系，详细阐述资本有其内在的规律性和原则的社会世界，一切事务都具有同样的可能性和同样的不可能性。但轮盘赌向大众构建了一个完美竞争或机会均等的世界，一个没有惯性、没有积累、没有继承权的世界。布尔迪厄提到，"资本依赖于它在其中起作用的场，并以多少是昂贵的转换为代价"，这种转换起着重要的先决作用。在布尔迪厄看来，场域是把社会理解为一个充满各种力量冲突的场所，在场域内的各种行动者需要利用自身的资源获得利益。布尔迪厄关于场域的看法与社会学的基本传统相冲突，但这个概念也体现了布尔迪厄社会学的出发点。布尔迪厄还通过对场域的深入分析，进一步阐释了文化资本与社会结构之间的关系。他认为，场域是一个由不同位置的个体之间的客观关系形成的网络，而文化资本则是场域中个体之间进行竞争和合作的重要工具。在这个过程中，文化资本的积累与运用不仅影响着个体在场域中的位置，也塑造着整个场域的文化氛围和规则。

布尔迪厄把资本划分为经济资本和文化资本以及社会资本，三者可以相互转换。在现实生活中，我们常常发现那些拥有丰富文化资本的人往往能够获得更多的社会资源和机会，从而在社会结构中占据更有利的地位。而文化资本的缺失则可能导致个体在社会竞争中处于劣势地位，难以实现自身的价值；社会资本则以一种高贵头衔的形式被制度化。三者之间的转化可以简单描述为拥有经济资本就可以购入教育需要的书籍、工具等商品，学习可以获得文化资本，学习伙伴则是社会资本。他指出，文化资本与其他形式的资本密切相连，相互作用、相互转化。在当代社会中，经济资本虽然重要，但文化资本在社会地位和机会获取方面同样发挥着重要的作用。而社会资本则是文化资本与其他形式的资本共同构成的一种社会网络，它通过社会关系和合作来增加个体的资源和机会。

文化资本有三种形态：一是具体的状态，具体变现为精

神和身体持久的"性情";二是客观化的状态,表现为文化
产品(图片、书籍、字典、工具、机器等等),它们既是理
论的痕迹,也是理论的具体表现,或者是对这些理论和问题
的批判;三是体制化状态,如我们在学历方面所见,必须加
以区分,因为它给予了文化资本一种纯粹原始的财产,而这
恰恰是它所保护的。① 文化资本是最早作为一个理论假定来
解释出身不同阶级的人取得不同学术成果的原因。布尔迪厄
在书中提出的"文化资本"这一概念,为理解社会不平等提
供了新的视角,同时也为解析文化在社会分层中的作用提供
了分析工具。他认为,文化资本与经济资本、社会资本一样,
都是个体在社会中占据一定位置的重要资源。而文化资本的
积累与传承,不仅影响着个体的社会地位,更在一定程度上
塑造着整个社会的文化风貌。布尔迪厄进一步指出,文化资
本并非孤立存在,而是与经济资本、社会资本等交织在一
起,共同构成了社会结构的复杂网络。这种交织使得文化资
本在社会中的价值变得难以估量,它既可以作为一种身份的
象征,也可以作为获取经济利益的手段。而这种双重性,正
是文化资本作为社会炼金术的精髓所在。文化资本是一种重

---

① [法]布迪厄.文化资本与社会炼金术[M].包亚明,译.上海:
上海人民出版社,1997:192-201.

要的社会资源，它不同于经济资本和社会资本，但同样具有影响个体社会地位和社会结构的能力。文化资本的形成和传承，既受到家庭背景和教育环境的影响，也受到社会制度和价值观念的制约。在书中，布尔迪厄通过对不同社会群体的文化资本状况进行比较分析，揭示了文化资本与社会不平等之间的密切联系。布尔迪厄在书中并没有将文化资本视为一种固定不变的概念，而是将其视为一个动态变化的过程。他认为，随着社会的变迁和文化的演进，文化资本的内涵和形式也在不断地发生变化。这种动态性使得我们在理解文化资本时，需要不断地更新和深化对其的认识。

布尔迪厄提出"社会炼金术"的概念，用以描述文化资本如何转化为其他形式的资本，并对个体的生活和社会地位产生影响的过程。社会炼金术是指在社会交往中，通过展示和运用自己的文化资本，个体可以获得更多的社会资源和机会。这种转化过程不仅仅依赖于个体的积极努力，更与社会的认同与接纳密不可分。他认为，社会炼金术是一种将各种资本形态进行转换与再生产的机制。在这个过程中，文化资本往往扮演着重要的角色，它不仅可以被转化为经济资本或社会资本，同时也可以在社会结构的变迁中发挥着重要的作用。通过社会炼金术，个体可以因其文化资本的优势而取得相对于其他个体的竞争优势。

三、对《文化资本与社会炼金术》的评析

布尔迪厄将文化资本定义为个体通过教育和家庭社会化过程获得的知识、技能和其他文化认同，这些资本可以转换为社会地位和经济利益。他认为，文化资本不仅仅是知识的积累，更重要的是，它涉及一种特定的、能被社会上层阶级认可的文化习惯和审美。这种资本的积累和传承加剧了社会不平等，因为它强化了社会阶层的界限，使得优势阶层能够保持其特权地位，而其他阶层则难以逾越这些界限。

书中，布尔迪厄详细分析了教育系统在文化资本传递中的关键作用。他指出，学校不仅仅是知识传递的场所，更是文化资本积累和认证的场域。教育机构通过赋予某些文化形式以更高的价值和合法性，实际上在加深社会的阶层分化。因此，教育成为一种社会炼金术，将特定阶层的文化资本转化为社会上认可的资本，进而影响个体的社会地位和职业轨迹。

布尔迪厄的理论提供了一个强有力的框架，用以理解文化在维持和加剧社会不平等中的作用。通过将文化资本与

经济资本和社会资本并列，他展示了资本在社会空间中如何相互作用，以及个体如何利用这些资本在社会结构中寻找位置。这一理论不仅挑战了传统认为教育能够促进社会流动的观点，也提出了对教育公平和文化多样性的深刻反思。

然而，布尔迪厄的理论也受到了一些批评。一些批评者指出，他的理论过于强调结构的作用，而忽视了个体的主动性和抗争的可能性。此外，有观点认为，随着社会的变迁和文化的多样化，文化资本的形式和价值也在不断变化，这使得布尔迪厄的理论在应用到不同的社会和历史背景时可能需要调整。

尽管存在争议，布尔迪厄的《文化资本与社会炼金术》无疑是社会学领域的经典之作，对理解社会不平等、教育和文化的关系提供了深刻的洞见。它促使我们反思教育的角色、文化的权力以及社会结构的持续性和变化性。在当代社会，随着全球化和信息化的发展，文化资本的形式和影响可能正在经历变化，这要求我们继续探讨布尔迪厄理论的新应用，以及它在解释新的社会现象方面的潜力。总的来说，这本书是对那些有兴趣深入理解社会结构如何通过文化机制再生产自身的读者的重要阅读材料。

第二节　关于科尔曼社会资本理论经典
著作的解读

《社会理论的基础》是美国社会学家詹姆斯·S.科尔曼的代表作之一，被广泛认为是 20 世纪最重要的社会学理论著作之一。本书旨在构建一个全面的社会理论框架，探讨社会结构、文化和制度之间的互动关系，为理解现代社会提供了重要的理论工具。

一、《社会理论的基础》篇章架构

《社会理论的基础》全书共有五个部分三十四章，第一章为"绪论"，第二章至第五章为第一部分内容"基本的行动和关系"，第六章至第十二章为第二篇"行动的结构"，第十三章至第十九章为第三篇"法人行动"，第二十章至二十四章为第四篇"现代社会"，最后几章为本书的第五篇"社会行动的数学分析"

作者在"绪论"部分就为读者介绍了"社会科学解释的重点"，介绍了微观和宏观的关系。社会理论是探究社会结构、过程、互动和变迁的科学，它关注的是个体、群体和组织的行动、互动和它们所处的社会结构。通过系统化的分析和解释，社会理论为我们提供了一个理解社会现象的基础框架。第一部分"基本的行动和关系"是全书最基本最重要的内容，作者详细介绍了行动理论中一些十分重要的基本概念和命题，如行动者、行动、行动的结构，以及权威关系、信任关系等，这些概念和命题贯穿全书。第二部分讲述"行动的结构"，作者在第二篇把行动和互动关系发展为更大的行动结构，比如：交换关系到交换系统、权威关系到权威系统、信任系统、集体行为、有效的社会规范等。第三部分转向"法人行动"。在此，作者提出了"法人行动者"的概念，把原来用于研究微观层面行动的理论用以研究宏观层面的行动。第四部分主要探讨了现代社会的变迁对各种行动关系和行动结构的影响，试图用行动理论来解释社会变迁。本书的第一部分至第四部分都是理论概述，最后一部分是"社会行动的数学分析"，为了反应从宏观到微观或者从微观到宏观过度的各种途径，作者建立了线性数学模型以及相应的实证研究技术，并提供了大量的生动实例以表述他的行动理论，这些实例在很大程度上提高了该书的可理解性。

书中，科尔曼对行动的分析与其侧重宏观与微观相联系的主旨相应，从基本行动和系统行动两个分析层次展开。基本行动是系统行动的基础，基本行动的要素有两种组成——行动者和资源，行动者和资源之间是控制关系与利益关系，行动者都有一定的利益偏好，并且都试图控制能满足自己利益的资源。[①] 行动者具备两种属性：一是与外部世界的资源和事件相关联，利益蕴含于某些资源以及某些事件的后果之中；二是控制一定的资源和事件。[②] 行动者之间还存在着与系统行动者有关的更为复杂的权威关系和信任关系，这些关系界于微观与宏观之间，通过这些复杂的关系可以理解基本行动向系统行动的转变。

二、《社会理论的基础》的理论贡献

（一）理性行动理论

理性选择理论是经济学的核心理论之一，霍曼斯和科尔曼将其原则与方法引入社会学之中。社会学中关于理性选择行为的研究始于霍曼斯关于小群体交换行为的研究，经布劳、格兰诺维特、阿克塞尔罗德的发展，到科尔曼发表《社会理

---

① ［美］詹姆斯·S.科尔曼.社会理论的基础 [M].邓方,译.北京：社会科学文献出版社，1999:28.
② 李耀锋，吴海艳.一种开放的社会理论新思维——科尔曼的法人行动理论新探 [J].国外社会科学版，2009(06).

论的基础》时，社会学中关于理性选择行为的研究已经在一个比较广泛的层面上展开。

詹姆斯·S.科尔曼（James S.coleman）的《社会理论的基础》一书对社会学理论的发展做出了重大贡献，其中对理性选择理论的贡献最大。他借用了经济学的理性选择模型，从社会学的角度发展了理性行动理论。经济学认为，人是依据个人稳定的利益偏好在各种行动中作出选择的（理性选择模型），社会学则认为人的行动是受社会环境和社会结构制约的。因此，在借鉴经济学的理性选择模型时，科尔曼的力图把个人（行动）和社会结构相结合来理解社会行动。科尔曼把理性选择理论的"经济人"转变为"理性人"，做出了"理性人"的假设。"理性人"不同于经济学意义上的"经济人"，也不同于帕森斯的"社会人"假设，认为"社会人"假设把社会规范作为理论的出发点，人只是被动地按照规范行动。

"理性人"不仅追求经济利益最大化，而且顾及权利、地位、声望、信任和评价等"非经济因素"。因为"理性人"按经济利益最大化的"经济理性"原则的决策行为首先取决于所依据的该社会的价值体系。因此，在不同社会中，主导人们做出理性选择的标准除了经济利益最大化的"经济理性"原则外，还有包括亲缘关系、伦理道德和宗教信仰等的"价值理性"原则。人们依据不同的价值体系，按"经济理性"和"价值理性"的原则来共同决策自己的行为。因此，理性行动理论也被很多学界人士质疑，认为该理论无法解释各种非理性行动中的行动。"理性人"为了实现利益最大化，个体之间自然产生了交换的需求，进而产生交换关系等关系结构。

（二）社会权威理论

社会权威理论是将政治、经济、文化等领域中各类权威现象作为社会权威现象来解释的理论，也是以解释宏观层面的权威系统为主要任务的社会学理论。科尔曼是社会学中层理论研究的集大成者，他在《社会理论的基础》系统论述了中观层面的社会权威理论。

科尔曼将权威系统统一于整个社会行为系统，从理性人的假设出发，将行动者、资源、利益和控制作为分析要素，以权利交换为核心，对权威关系和权威系统进行分析。科尔曼指出，权威是指"拥有控制他人行动的权利"[①]。例如，如

---

① ［美］詹姆斯·S.科尔曼.社会理论的基础（上）[M].邓方，译.北京：社会科学文献出版社，2008:64.

果甲有权在某些方面控制乙的行动，那么在这些方面甲对乙就具有权威地位。在科尔曼的理论中，权威不仅仅指控制或指导的力量，而是一个更为复杂的概念。分析社会权威的四大要素中，控制有掌握或支配之意，控制他人行动权利的行动是社会权威生成的必备条件。科尔曼认为，行动者是只追求自我利益并不受社会规范约束的个人，行动者的自我利益是对不同资源的需求和偏好，往往存在于各种各样的资源中，所以资源是能对行动者产生影响的事件或者物品，权力就是被人们所使用的一种无形资源。"资源，作为各种权利的集合，可以被使用、分割及交换。"①

社会权威就是理性行动者进行社会交换的产物。行动者为了自己的利益目标，需要将控制自己进行某些行动的权利主动或被动地转让给他人，给他人支配权和控制权，这就形成他人对自己某些行动的控制，个人的社会权威也由此生成。社会权威主体对应的是取得控制他人行动权利的理性行动者，社会权威客体（被支配者）对应的是转让控制自己行动权利的理性行动者。② 在科尔曼的社会权威理论中，他从

① [美]詹姆斯·S.科尔曼.社会理论的基础（上）[M].邓方，译.北京：社会科学文献出版社，2008:62.

② 刘青，刘刚.中观层面的社会权威理论——对科尔曼权威理论的阐释与借鉴[J].海南大学学报（人文社会科学版），2016,34(1).

被支配者的角度出发来分析权威关系。"权威关系建立的条件是准备转让权利的行动者必须拥有两种权利：控制自身某些行动的权利和这种权利的转让权。"① 在生成各种权威的交换系统中，简单的社会关系中存在着简单权威关系，复杂的社会关系中存在着复杂权威关系。简单权威关系是行动者将控制自己进行某些行动的权利转让给他人，与他人形成简单的支配者和被支配者的关系。简单权威关系只包括两个行动者，但复杂权威关系则包括支配者、被支配者和代理人（副手）三个行动者，即行动者是将"控制自身某些行动的权利"和"这种权利的转让权"分别转让给了不同的行动者，由此形成了支配者、被支配者和代理人（副手）三者之间的复杂关系。一般而言，多个简单权威关系构成的是简单权威系统，系统内的等级结构只能包含支配者和被支配者两个等级层次，而多个复杂权威关系构成的是复杂权威系统，系统至少包含支配者、被支配者和代理人（副手）三个等级层次。理性行动者为了自己的利益目标，将控制行动的权利作为资源进行交换，促成了权威关系及权威系统的产生，权威关系和

---

① ［美］詹姆斯·S. 科尔曼. 社会理论的基础（上）[M]. 邓方，译. 北京：社会科学文献出版社，2008:78.

权威系统的产生意味着微观互动向宏观结构的转变。[①]

科尔曼还根据转让权利的前提要求不同，将权威关系划分为共同的权威关系和分离的权威关系。"共同"与"分离"反映支配者的命令与被支配者的利益是否一致，在共同的权威关系中支配者的命令体现被支配者的利益，在分离的权威关系中只有额外补偿才能保证被支配者的利益获得满足。[②]我们可以理解为在共同权威关系中，行动者转让权利的前提要求是权力的支配者行驶权威能让被支配者获益，在分离权威关系中，行动者转让权利的前提要求虽然不是权力的行驶让被支配者获益，但被支配者要求获取与行使权力不相关的其他报酬。一般而言，共同的权威关系在宏观社会系统层面会生成共同的权威系统，这种权威系统与简单权威系统相类似，只包含支配者和被支配者两个等级层次。分离的权威关系则会生成分离的权威系统，这种权威系统与复杂的权威系统相类似，包含支配者、被支配者和代理人（副手）三个等级层次。

根据转让权利的行动主体的性质不同，权威在社会层面

---

① 刘青，刘刚.中观层面的社会权威理论——对科尔曼权威理论的阐释与借鉴 [J]. 海南大学学报（人文社会科学版），2016,34(1).

② ［美］詹姆斯·S.科尔曼.社会理论的基础（上）[M].邓方，译.北京：社会科学文献出版社，2008:74.

还有稳定与不稳定的差别。[①] 根据行动者的不同性质，可以将行动者划分为自然人和法人行动者。自然人是将客体自我和行动自我集于一身的个人，即是委托人又是代理人，其权威结构表现为由个人之间的关系而组成的行为系统，这种由人的关系构成的权威结构具有简单权威结构的特征和不稳定性。法人行动者是委托人和代理人分别为不同个人的组织，其权威结构是由职位关系组成的行为系统。[②] 这种由职位关系构成的权威结构具有复杂权威结构的特征和稳定性。接受权利转让的行动者为法人行动者而非个人的意义在于确保了结构的稳定。[③] 科尔曼强调，权威的来源并非单一，而是多方面的。它既可能来自于个人的知识、技能和社会地位，也可能来源于组织的结构和角色分配，或是政府的法律和规章制度，这些来源共同构成了权威的基础，使得权威在社会中得以运行。科尔曼认为，权威的合法性来自两个方面：一是社会成员对特定地位或角色的认同和信任；二是该地位或角

---

①　[美]詹姆斯·S. 科尔曼. 社会理论的基础 [M]. 邓方，译. 北京：社会科学文献出版社，1999:198.

②　[美]詹姆斯·S. 科尔曼. 社会理论的基础 [M]. 邓方，译. 北京：社会科学文献出版社，1999:487.

③　[美]詹姆斯·S. 科尔曼. 社会理论的基础 [M]. 邓方，译. 北京：社会科学文献出版社，1999:200.

色所具有的法律和社会规范基础。只有具备合法性的权威才能得到社会成员的接受和尊重，从而发挥其应有的作用。

（三）有关法人行动和社会规范的分析

随着社会的发展，原始的各种社会组织慢慢地被人们出于某种行动目的而新创造的社会组织所取代，为了理解这些新的社会组织，科尔曼建立了法人行动理论。他的行动理论范式包括三个部分：一是个人行动部分——即微观水平的活动，二是个人活动的结果影响着他人的活动，这是宏观到微观的转变，三是个人活动的结果产生宏观的结果，这是微观到宏观的转变。①科尔曼认为，法人和法规既产生于获取共同利益的社会契约，也产生于对利益冲突的协调，前者称为共同性法规，后者称为分离性法规。在制定法规时，有实力的行动者往往占据主导地位，但是处于被支配地位的行动者拥有无法转让的资源，以这类资源为资本，他们有可能推翻或修改既成的法规。法人的生存取决于他在行动中获得的收益能否补偿其付出的资源并且有一定的剩余。科尔曼认为，法人的生存方式有三种：一是互惠性生存，指在构成法人的

① 李耀锋，吴海艳．一种开放的社会理论新思维——科尔曼的法人行动理论新探 [J]．国外社会科学版，2009(06)．

各种职位之间存在着互惠性交换关系；二是独立生存，指职位之间不一定存在是互惠交换，但每个成员从法人组织中得到的报酬能使他获益，每个成员所做出的贡献都能使法人获益；三是总体生存，与独立生存相似，不同的是有些成员不能使法人获益。

许多社会学理论都假定社会规范是既定的，个人通过社会化将其内化并依据规范行动，科尔曼将理性行动作为社会规范形成的微观基础，研究社会规范是如何在微观互动过程中形成的宏观建构。社会规范虽然与法规不相同，它是非正式性的，不具有法律强制性，但有些规范可通过立法转化为法规。科尔曼认为，"规范存在的条件是社会认定对规范涉及的各种行动进行控制的权利，不是由行动者掌握，而是由行动者之外的其他人掌握"。[1] 即"他否认规范是权利的基础，而认为规范是权利存在的结果"。[2] 有些焦点行动的外在影响是损害他人利益，有些焦点行动的外在影响是使其他人受益，如助人为乐。受焦点行动的外在性影响的其他人称为"规范的受益者"，受规范所限制或鼓励的行动者称为"目标

① ［美］詹姆斯·S.科尔曼.社会理论的基础[M].邓方，译.北京：社会科学文献出版社，1999:224.

② ［德］M.鲍尔曼.作为社会事实的权利与规范——评科尔曼的社会理论基础[J].国外社会科学，1994(03).

行动者"。一般而言，社会规范分三种类型，一是共同性规范，即规范的受益者和目标行动者都能从规范的实施中获益，如"要礼貌待人"。二是分离性规范，是对目标行动者的限制，但使有关的他人获益。三是惯例性规范，是对长期形成的习惯和行为方式的规定，如参加晚会要穿礼服。另外，规范也可以分为指令性规范和禁止性规范。前者提倡某种行动（"要尊敬老人"），后者限制某种行动（"不能随地吐痰"）。因行动具有肯定性的或者否定性的外在性，所以行动包含受影响的行动者的各种利益，行动的外在性作为规范起源创造了利益结构。"利益为规范提供了基础，即接受外在影响的人们产生了对规范的需求。"[1] 但规范的制订并不能保证其实现。有效的惩罚措施依赖于"有关他人"之间的社会关系，例如，受影响的其他人采取联合行动对行动者施加压力，或者"有关他人"之间建立利益结构，共同承担实施惩罚的费用。[2] 规范的实施涉及惩罚问题，而实施惩罚需要付出一定代价。如果有关他人都不愿付出代价，那么规范就形同虚设。如果不能得到充分的补充或奖励，那么就没有人去惩罚违反

　　① ［美］詹姆斯·S. 科尔曼. 社会理论的基础（上）[M]. 邓方，译. 北京：社会科学文献出版社，1999:28.

　　② 杨善华，谢立忠. 西方社会学理论下卷 [M]. 北京：北京大学出版社，2006:11-12.

规范的行动者。因此，规范的内化，即个人建立了内在的赏罚系统，它规定哪些行动会受到自我谴责，哪些行动会受到奖励（自我满足）。

此外，社会资本充当了科尔曼构建其理性选择理论的概念工具，他在《社会理论的基础》一书中还对社会资本理论有重大发展。他认为在复杂的行动系统中，人们建立了各种社会关系，并形成了各种人际关系网络，这种关系网络为个人提供了新的资源——社会资本。他认为社会资本有六种形式，即义务与期望、信息网络、规范和有效惩罚、权威关系、多功能社会组织、有意创建的组织。[①]社会资本不依附于独立的个人，而是存在于人际关系的结构中，只为结构内部的个人行动提供便利，具有不可转让性。因有关的主要观点已经体现在其他章节中，此处不再单独赘述。

四、对《社会理论的基础》的评析

《社会理论的基础》（《Foundations of Social Theory》）一书于 1990 年在美国问世，后迅速被翻译出版。该书在学界产生了深远影响，被认为是自 1937 年《社会行动结构》

---

① 　[美]詹姆斯·S.科尔曼.社会理论的基础[M].邓方，译.北京：社会科学文献出版社，1999:37-345.

（作者塔尔科特·帕森斯）问世之后最重要的社会学理论著作之一。该书也为已经年过花甲的詹姆斯·S.科尔曼（James S.coleman）带来了崇高声誉。

科尔曼明确指出"社会科学的主要任务是解释社会现象，而不是解释个人行为，因此社会科学应当以解释社会系统行为为重点。这种系统规模小至由两人组成，大至整个社会，甚至指整个世界系统。"[①] 他认为社会理论的解释目标如果是社会系统的行动，而社会系统的行动又以个人行动为基础，那么要理解社会系统行动内部的各种动机就必须从个体行动者的角度来解释。这就建构起他从微观向宏观的分析思路，所以他研究的不是纯粹的个人行动，也不是抽象的宏观的社会系统，而是个人的"理性行动"。

科尔曼的《社会理论的基础》是一本全面而深入地探讨社会理论的著作，涵盖了社会理论的多个重要方面，它对社会理论的发展产生了深远的影响。"八十年代以来，出现了将宏观方法与微观方法结合起来的趋势，整体主义的社会理论力图引入主体的能动因素，而个体主义的社会理论则扩大视野，力求认真对待系统性的宏观现象。科尔曼的《社会理

---

① [美]詹姆斯·S.科尔曼.社会理论的基础[M].邓方，译.北京：社会科学文献出版社，1999:2-6.

论的基础》一书，就是一位微观取向的理论家对这一方法论融合的一种探索性回应。"①科尔曼的理论中包括了从宏观到微观的变化和从微观到宏观的变化过程，也就是说在他的方法论中即包括了微观层面的个人行为也包括了具体规则指导下个人行动集合而成的系统行为。②科尔曼在《社会理论的基础》中从社会理论概述出发，为读者提供了一个完整的社会理论框架。该书在理论结构上呈现出严谨和完整的特性，全书的篇章架构逻辑清晰，从社会理论的演变开始，逐一深入到各个核心主题，这种结构使得读者能够系统地理解社会理论的全貌，同时也为进一步深入研究各个主题提供了坚实的基础。科尔曼在该书中体现了强烈的创新精神，他不仅对传统社会理论进行了深入的梳理和评价，还提出了许多新颖的观点和见解，例如，他提出"理性行动理论""社会资本理论""法人行动理论""社会权威理论"，这些都为后来的社会理论研究开辟了新的路径。他不仅对社会现象进行了深入的理论分析，还通过丰富的案例和实证研究来检验和证明其理论观点。这种实用性的研究方法使得读者不仅能够理解

---

①　于海．从微观行动到宏观系统——读科尔曼《社会理论的基础》[J]．社会，1998(5)．

②　张鸿飞，胡丽娜．马克斯和韦伯和科尔曼的社会行动理论之比较 [J]．理论界，2004(1)．

社会理论的抽象概念，还能够将其应用到实际生活中，提高对社会现象的理解和分析能力。

总而言之，科尔曼的《社会理论的基础》在社会学界产生了深远的影响，它不仅为后来的社会理论研究提供了重要的参考和借鉴，还激发了许多新的研究领域和方向，许多学者在科尔曼的理论基础上进行了深入的研究和拓展，为社会理论的发展做出了重要的贡献。

第三节　关于帕特南社会资本理论经典
著作的解读

一、《使民主运转起来——现代意大利的公民传统》述评

在二十世纪的大部分时间里，意大利一直处于政治和社会的动荡之中。然而，自二十世纪七十年代以来，意大利逐渐发展成为一个相对稳定的民主国家。这背后的关键因素是现代意大利的公民传统的形成与发展。

（一）篇章架构

《使民主运转起来——现代意大利的公民传统》一书共

有六章，除第一章《导论》外，其余每个章节环环相扣，每章解决一个问题的同时又引出下一个问题，通过研究分析最后得出结论。第一章导论是"制度绩效的研究"，导论部分主要介绍了开展研究的旅程、设计旅程、开展研究的方法和全书简要介绍；第二章标题为"改变规则：20 年来的制度发展"，共五节内容，作者考察了新制度的建立如何影响地方政治实践，并提出什么能够衡量制度绩效的问题；第三章的标题是"制度绩效的衡量"，包括衡量制度绩效的 12 项指标、制度绩效衡量指标的一致性与可靠性、制度绩效与选民的评价和结论共四节内容，作者回答了第二章的问题后又抛出问题，即是什么造成了地区制度绩效的差异？第四章标题为"认识制度绩效"，包括社会经济的现代性、公民共同体：一些理论思考、公民共同体：理论检验、公民共同体内的社会与政治生活以及制度成功的其他解释一共五节内容，解释了制度绩效产生地区差异的原因，同时又引出问题，即为什么有的地方更有公共精神，公共生活更发达？第五章的标题是"追溯公民共同体之源"，分为意大利中世纪的公共生活遗产、统一之后的公共生活传统、测量公共传统的持久性、经济发展和公民传统共四节内容，追溯意大利久远的历史后又追问历史为什么那么有力量？第六章标题为"社会资本与制度成功",包括集体行动的困境、社会资本、信任和轮流信用组织、互惠规范与公民参与网络、历史和制度绩效:两种社会均衡、意大利地区实验的教训一共五节内容,作者试图用社会资本理论和集体行动理论来说明历史上的传统为什么能够稳定持久的存在。

(二)主要内容

"有效政府的起源"是该书关注的主要问题。从二十世纪七十年代起,罗伯特·帕特南(Robert D. Putnam)密切观察了一些新生的地区制度的发展过程,多次重复访问各个地区首府,并发现很多新生的地区制度在制度绩效方面存在巨大差异。为了回答"为什么有些民主政府获得了成功而有些却失败了"这一问题,罗伯特·帕特南(Robert D. Putnam)对 15 个或 20 个地区进行了多个方面的比较研究。在第二章中回答了"正式的制度变革是怎样导致政治行为发生变化的,地区的新制度是如何影响当地的政治实践的",[①] 作者以时间为纵轴回顾了新制度的诞生过程,向我们展示了1970 年意大利启动新制度全面改革后,中央与地方之间和

---

① [美] 罗伯特·帕特南 . 使民主运转起来——现代意大利的公民传统 [M]. 王列,赖海榕,译 . 南昌:江西人民出版社,2001:2.

新旧两种制度之间是如何展开博弈的图景。通过历时性的调查发现，新旧制度之间通过斗争，新制度更接近人民，在各个领域逐渐扎下了根，获取了自我发展的动力，这场制度改革已经对意大利的政治产生了巨大影响。但是作者发现制度改革对南北方的影响程度不同，南北方在史上存在的差异还依然存在，因而作者又提出对"统治的怎么样"这一问题应该用什么标准来衡量这些绩效？

为此，罗伯特·帕特南（Robert D. Putnam）全面的对比分析了意大利20个地区，提出了四个衡量标准："首先，制度绩效必须是全面的，涵盖经济和社会发展的诸多领域；其次，制度绩效必须具有内在一致性，即注重整体效率，而不偏废任何一个方面；再次，制度绩效必须是持续的、可靠的，而非转瞬即逝的；最后，制度绩效必须与制度的支持者或者说选民的目标和评价相一致。"[1] 依照这一判断标准，作者通过研究发现在意大利一些地区政府在多方面都比另一些地区政府更加成功，它们在内部运行方面更有效率，在政策制定方面更有创造性，在实施那些创新动议时也更有效率。[2]

---

[1]　[美] 罗伯特·帕特南. 使民主运转起来——现代意大利的公民传统 [M]. 王列，赖海榕，译. 南昌：江西人民出版社，2001:2.

[2]　[美] 罗伯特·帕特南. 使民主运转起来——现代意大利的公民传统 [M]. 王列，赖海榕，译. 南昌：江西人民出版社，2001:93.

那么，是什么原因造成各地区政府制度绩效的差异？

罗伯特·帕特南研究了经济社会发展对各地区政府制度绩效差异的影响，但研究结果表明经济与社会的发展与高绩效的公共制度有相关性，但经济与社会的发展不对高绩效的公共制度起决定作用，即社会经济的现代性与高绩效的公共制度之间还受到第三个因素的影响。作者调查了"公民共同体"和共同体内的社会与政治生活，发现"公民性强"的地区社团组织较多，公民积极参与共同体事物，政治模式是平等的，人们相互信任，遵纪守法，制度绩效往往较高，而"公民性弱"的地区政治和社会参与采取的是垂直组织形式，人们极少参与公民组织，互相猜疑和腐败以及违法乱纪司空见惯，制度绩效往往较差。① 因此，作者得出的结论是公民生活对地区政府制度绩效有着决定性的"正向"影响。那么，为什么一些地区与另一些地区相比会更加具有公民精神呢？

作者回溯到中世纪历史追溯了公民共同体之源，从历史的角度分析了意大利南北地区间存在差异的原因。十一世纪，意大利历史悠久的帝国政治体系逐渐衰败，到十四世纪初意大利南方建立起诺曼封建专制制度，而北方却创造出富饶的

---

① ［美］罗伯特·帕特南. 使民主运转起来——现代意大利的公民传统 [M]. 王列，赖海榕，译. 南昌：江西人民出版社，2001:214.

城市共和制度，两种政治治理模式产生的影响具有很大差异，北方城市共和制度治理模式减弱了封建的人身依附关系，自发地出现了一些新的社会组织，公共精神较为发达，"这些组织公开的宗旨是非政治性的，但是具有重要的潜在政治功能。"[①] 而南方地区人身依附关系得到了加强，权力被君主垄断，人们以"我"为主，很少考虑"我们"，最终导致南北方的差异"不在于是否有社会联系，而是垂直的依赖和剥削性联系与横向的互相合作联系之分"。[②] 历史力量造成了公民传统的应变力，导致了南北方之间公民精神的差异，意大利北方比南方更有公共精神。那到底是什么历史力量让意大利北方的公民参与传统实现了良性循环，而南方却出现了恶性循环？

罗伯特·帕特南（Robert D. Putnam）在该书的最后一章提出了社会资本理论，以此来说明历史传统为何能够稳定和持续。他认为"社会资本是指社会组织的特征，诸如信任、规范和网络的社会资源，它们能够通过促进合作行为来提高

---

① ［美］罗伯特·帕特南. 使民主运转起来——现代意大利的公民传统 [M]. 王列，赖海榕，译. 南昌：江西人民出版社，2001:163.

② ［美］罗伯特·帕特南. 使民主运转起来——现代意大利的公民传统 [M]. 王列，赖海榕，译. 南昌：江西人民出版社，2001:167.

社会的效率"。① 帕特南用"社会资本"概念分析说明南北文化差异，并认为在意大利国家发展过程中至少存在两种社会均衡，一种是社会资本良性循环——信任、规范和合作网络出现并自我增强产生，促进形成各种形式的公民参与、高水准的合作、集体福利和信任互惠规范；另一种是恶性循环，依附、剥削的方式出现背叛、利用、猜疑、孤立、逃避、混乱和停滞，无论是哪一种社会均衡一旦实现往往会自我增强。所有面临集体行动问题的社会都会朝其中一方面发展，一旦身处两者中的任何一种，理性的行为者就会选择按规则办事，社会选择哪一种稳定的均衡，将由历史决定。②

（三）对《使民主运转起来——现代意大利的公民传统》的评析

《使民主运转起来》是一部影响深远的著作，通过对现代意大利的公民传统的研究，深入剖析了民主制度运作的内在机制。正如作者在前言中所说那样，《使民主运转起来——现代意大利的公民传统》这部书像是一部侦探小说，除"导

---

① [美]罗伯特·帕特南.使民主运转起来——现代意大利的公民传统[M].王列，赖海榕，译.南昌：江西人民出版社，2001:195.
② [美]罗伯特·帕特南.使民主运转起来——现代意大利的公民传统[M].王列，赖海榕，译.南昌：江西人民出版社，2001:210.

论"外，每一章之间都环环相扣。在第二章中，开篇处就提出问题："地区的新制度是如何建立的，又是如何影响政治实践的？"解答该问题后又自然发问："新制度的成功程度如何该用什么标准来衡量？"第三章对第二章提出的问题进行了回答，然后又提出了一个新问题："为什么有些地方的制度比另一些地方的制度更加成功？"第四章追溯了历史原因，最后又问："南北方之间公民精神的差异来自何方？"第五章从历时近千年的公民传统，分析出意大利南北方的公民传统的区别后提出新问题："意大利南北方的公民传统差异为何如此稳定？"第六章解释了社会资本的良性循环和恶性循环导致的具有鲜明对比的社会均衡，利用社会资本说明为什么历史传统能够如此稳定且持久地存在。

该书研究背景宏大，罗伯特·帕特南敏锐地抓住了意大利在 1970 年制度变革实验这一研究机遇。意大利是一个充满历史和文化的国家，曾经在历史上经历了多次政治和社会的动荡。然而，在 20 世纪后期，意大利逐渐形成了相对稳定的民主制度。作者在《使民主运转起来——现代意大利的公民传统》这本书中涉及大规模的制度创新和地区意识的觉醒，探讨了中央集权的长期影响以及权力下放给地方政府的深远意义，这一背景为理解民主绩效的发展提供了丰富的土壤。他详细分析了新制度下的政治实践绩效，在权力下放的过程中，地区涌现出一批政治精英，政党政治由紧张转向相互尊重，这种转变培养了一种宽容、合作的实用精神，使意大利政治舞台普遍变得温和。这为读者理解民主制度的有效运作提供了具体的例证。作者通过对意大利公民传统的深入剖析，揭示了民主制度运转的重要因素，即社会资本。"社会资本是指普通公民的民间参与网络和体现在网络中的互惠和信任的规范。"罗伯特·帕特南认为，普遍的信任和互惠的规范是影响民主制度成功程度的关键因素。垂直的社会网络无助于维系社会信任和合作，但横向的社会网络越密集，人们越有可能为了共同利益而合作，在合作中，人们为了降低交易成本，互惠和信任的规范随之发展并实现自我增强，从而维持良性的社会均衡，使民主制度获得成功。

综上所述，《使民主运转起来》一书通过深入研究现代意大利的公民传统，为我们理解民主制度的运作提供了宝贵的启示。它展示了大规模制度创新和地区意识觉醒如何影响民主绩效的发展，以及新制度下政治实践的具体成果。此外，该书还强调了公民参与和合作精神在民主中的重要性。这些洞见不仅对意大利的民主发展有着重要意义，也为全球范围内的民主建设提供了宝贵的借鉴。

二、《独自打保龄——美国社区的衰落与复兴》述评

《独自打保龄：美国社区的衰落与复兴》是关于美国公民社会兴衰的社会科学著作。作者罗伯特·帕特南以保龄球运动为隐喻，深入剖析了美国社区的变迁。作为一名社会学者，罗伯特·帕特南对美国社区的研究独树一帜，通过本书，他向我们展示了美国社区衰落的原因以及复兴的可能性。

（一）篇章架构

《独自打保龄——美国社区的衰落与复兴》一书共分五个部分，包括二十四个章节。第一部分是"导论"，作者用一章的篇幅论述了对美国社会变化的思考。第二部分是"公民参与和社会资本的变化趋势"，作者用八章的篇幅从正式的社会联系、非正式社会联系、"利他主义、志愿活动和慈善活动"、"互惠、诚实与信任"、"反潮流？小型团体、社会运动与网络"论述了美国公民参与和社会资本的衰减趋势。第三部分是"为什么"，除去"导言"，作者分五章从时间与金钱压力、代际更替等方面阐述了第二部分揭示出来的社会资本衰减趋势的可能原因。第四部分是"那会怎么样"，除去"导言"，作者分六章从教育与儿童福利、邻里关系、健康与幸福、民主、社会资本的阴暗面阐述社会资本衰减有

可能导致的结果。第五部分是"那该怎么办",分为两章,历史的教训:镀金时代与进步时代和社会资本家的议程,面对美国社区的衰落与复兴,作者思考了我们应该如何应对公民参与和社会资本衰减的问题,针对性地提出了一些建议和思考。

（二）核心内容

《独自打保龄——美国社区的衰落与复兴》的核心内容主要围绕"独自打保龄"的现象展开,描述了美国社区的衰落与复兴。"独自打保龄"这一现象指的是人们不再愿意与邻居交流、参与集体活动,而是更倾向于独自进行保龄球运动。这种现象被视为美国社会资本流失的象征,即公民意识、公民组织和公民行为的衰减。社会资本是贯穿全书的核心概念,"社会资本指的是社会上个人之间的相互联系——社会关系网络和由此产生的互利互惠和互相信赖的规范。"[①]它具有重大价值,能促进社区良性发展,还能避免社会失范,它可以被个人拥有,也可以被团体或组织拥有,但无论是什么样的社会资本都必须通过维持人与人之间良好的社会关系才

① [美]罗伯特·帕特南.独自打保龄——美国社区的衰落与复兴[M].刘波,祝乃娟,张孜异,林挺进,郑寰,译.北京:北京大学出版社,2011:7.

能获得。所以，各种各样的社会参与是和社会资本紧密相联的，即社会资本与人们参加各种社会活动密切相关，例如人们和朋友一起聚餐、喝咖啡或者打保龄球，通过社交增进感情就有可能产生或者增加社会资本，在小区的邻里之间或者亲朋好友之间保持密切互动关系，总体社会资本也会增加，但是人们独自打保龄球或者看电视就很难产生社会资本。既然公民的社会参与越多，开展的社会活动越积极，社会资本就越高，那么二十世纪美国社会资本的变化是什么样的呢？罗伯特·帕特南考察了美国人各种形式的社会参与变化趋势，以此来衡量美国社会资本的变化。

第一部分"导论"的主题是"思考美国社会变化"，罗伯特·帕特南考察美国的社会变化后指出 20 世纪后半期美国公民参与的趋势不断下降，社会资本逐步衰减。[①]他讲述了社会资本和美国公民参与的状况两者之间的关系，认为社会资本与公民美德有着密切联系，尽管公民美德是互惠社会关系中最有力量的，但是如果人与人之间是隔绝的，一个社会里就算有着诸多公民美德，这个社会里的社会资本也不一

---

① ［美］罗伯特·帕特南. 独自打保龄——美国社区的衰落与复兴[M]. 刘波，祝乃娟，张孜异，林挺进，郑寰，译. 北京：北京大学出版社，2011:2.

定大。

第二部分详细论述了美国公民参与和社会资本的具体变化趋势。罗伯特·帕特南经过大量数据调查发现,美国公民参与的积极性在 20 世纪后半期出现了很大程度的下降。首先,就公民参与中最具代表性的政治参与而言,公民的投票率年青一代与老一代相比下降了四分之一,对公共事务的兴趣下降了五分之一,美国人民逐渐地变得更加不愿请愿签名、给众议员或参议员写信、给报纸写信、参加政治集会和演讲或者给杂志或报纸撰文,甚至不愿意表达自己的政治诉求。[①] 其次,在组织和参加社团活动的公民参与方面,据"平均每年参加社团集会次数"的调查结果显示,"美国人平均每年参加社团集会 12 次"的人数从 1975 年到 1999 年下降了 58%,从每个月一次减少到每年五次,而其他的相关数据也证明了美国的公民参有至少下降了一半。[②] 再次,宗教参与方面,尽管美国公民笃信宗教,但人们的宗教参与意愿

---

① [美]罗伯特·帕特南.独自打保龄——美国社区的衰落与复兴[M].刘波,祝乃娟,张孜异,林挺进,郑寰,译.北京:北京大学出版社,2011:28、37.

② [美]罗伯特·帕特南.独自打保龄——美国社区的衰落与复兴[M].刘波,祝乃娟,张孜异,林挺进,郑寰,译.北京:北京大学出版社,2011:56.

也出现了下降趋势。根据调查显示，美国人参加所属教会的非礼拜性社会活动的程度从 1957 年到 1996 年下降了一半以上，加入教会的比例下降了约 10%，而实际参加宗教活动的比例降低了 25%-50%。[①] 这些数据证明，尽管宗教是西方文化的重要核心，是社区生活活力的核心源泉，也无法逃避宗教参与人数大幅降低的趋势。又次，围绕工作的社会参与方面，尽管人们现在花在工作上的时间很多，但围绕工作的社会参与并没有随之增加，反而下降。越来越多的人从事"临时的"或者"非标准的"兼职或者打零工，人们工作的不稳定性不断增强，抑制了人们在工作场合中建立良好人际关系的可能性。

在美国，政治参与、公民参与、宗教参与或工作中的社会参与等这些相对正式的社会参与都呈现下降趋势，那非正式的社会联系情况又如何呢？例如说走亲访友，和亲友一起喝酒，一起打牌，与邻居一起野餐。罗伯特·帕特南的研究数据显示，美国人走亲访友彼此交往的频率每年都在下降。在 70 年代，一个美国人每年在家接待朋友的次数，大约是

---

① ［美］罗伯特·帕特南.独自打保龄——美国社区的衰落与复兴 [M].刘波，祝乃娟，张孜异，林挺进，郑寰，译.北京：北京大学出版社，2011:71.

14 到 15 次。到了 90 年代末，这个数字降低为 8 次，近二十年时间里下降了 45%。① 作者也考虑到人们是否不喜欢在家接待朋友，所以一起去饭店聚餐了，人们对社会资本的投入并未减少？但研究结果表明，美国的地方酒吧、大小餐馆、咖啡店等适合"闲谈"的地方数量在减少，而能够快吃快走或者打包带走的快餐店大大增加。另外，到了九十年代，人们已经很少玩牌了，打桥牌等类似能"助人谈兴"的休闲活动也减少了。总结来说，从二十世纪七十年代开始，美国人用餐时的谈话减少了，互访次数减少了，能够促进轻松社会交流的休闲活动也减少了，与亲朋好友的经常性联系出现了剧烈下降。② 这种也影响到了美国的社会风气，从七十年代开始人们觉得社会风气，社会信任感不断降低，社会资本处于不断流失中。总而言之，当前美国公民参与积极性与第二次世界大战后的五十年相比已经大幅降低，对此，罗伯特·帕特南写到："在 20 世纪的前三分之二，一股强大的力

---

① ［美］罗伯特·帕特南.独自打保龄——美国社区的衰落与复兴[M].刘波，祝乃娟，张孜异，林挺进，郑寰，译.北京：北京大学出版社，2011:104.

② ［美］罗伯特·帕特南.独自打保龄——美国社区的衰落与复兴[M].刘波，祝乃娟，张孜异，林挺进，郑寰，译.北京：北京大学出版社，2011:125.

量促使美国人更加深入地参与到社区活动里，不过就在几十年前，一股静悄悄的潮流毫无预警的逆转了这个浪头，在没有受到任何统治的情况下，我们在这个世纪的后三分之一渐渐疏离了亲友和社区生活"。①

　　第三部分详细探析了为何会出现这样的问题？为了解释出现这一问题的原因，罗伯特·帕特南进行了多方面的调查，他比较了不同年代、不同年龄层次、不同的性别、不同种族、不同工作地、不同居住地、不同社会地位和不同家庭因素等方面对美国公民参与和社会资本的影响，通过分析大量数据最终归纳出四大关键影响因素：时间和金钱压力、城市扩张和市郊化、电子娱乐影响下娱乐方式的私人化以及代际更替。对于过去这些年里美国公民参与和社会资本减少，罗伯特·帕特南推测将近 10% 的部分应归因于包括夫妻双职工家庭所受的特殊压力在内的时间和财富压力，约 10% 的部分应归因于城市扩张和市郊化带来的助推作用，约 25% 的部分应归因于电子娱乐（最主要的是电视）对人们闲暇时间私人化的实质性影响，但最重要的影响因素是代际更替，这

---

　　① ［美］罗伯特·帕特南.独自打保龄——美国社区的衰落与复兴[M].刘波,祝乃娟,张孜异,林挺进,郑寰,译.北京：北京大学出版社,2011:17.

个因素降低了将近一半的公共参与。[①] 罗伯特·帕特南认为，代际更替是导致美国公民参与衰落、社会资本流失最关键的"罪魁祸首"。他指出代际更替是"热心公共一代缓慢、持续而不可挽回地被他们参与较少的子辈和孙辈们替代了"。[②] 也就是说，代际更替是指原本愿意参与公共事业的具有较高公民意识的公民因为年老的原因逐渐退出历史舞台，被出生在1946—1964 年间"婴儿潮"一代公民所取代，这一代公民参与感低，所以在公民参与发展趋势上是逐渐降低的。另外，郊区化也阻碍了社会资本的积累，因为工作地和居住地距离较远，人们的通勤时间增加，下班后若与同事聚餐就难与邻居碰面，故与同事或者邻居相互交流的机会大大减少，且社会阶层与背景类似的人们往往倾向于住在相同小区，长期生活在同质性较高的环境中，不同阶层之间连接性社会资本难以建立。电视不断普及，看电视作为一种"低碳"的休闲方式成为人们闲暇时间里主要娱乐活动，人们看电视不需要动

---

① ［美］罗伯特·帕特南. 独自打保龄——美国社区的衰落与复兴 [M]. 刘波，祝乃娟，张孜异，林挺进，郑寰，译. 北京：北京大学出版社，2011:329.

② ［美］罗伯特·帕特南. 独自打保龄——美国社区的衰落与复兴 [M]. 刘波，祝乃娟，张孜异，林挺进，郑寰，译. 北京：北京大学出版社，2011:329.

脑思考，只需要被动地接受电视中播放的信息内容，即使是大家一起电视，人们看着屏幕也很少交谈，看电视妨碍了人们的社会交往，阻碍社会资本的生成。

　　第四部分是"那会怎么样？"社会资本的衰退将会造成什么影响呢？罗伯特·帕特南研究了社会资本对儿童发展、人们的健康与幸福、经济发展、民主质量的影响。研究发现，社会资本对儿童顺利成长有着积极的作用，能有效防止虐待儿童，防止青少年辍学，防止青春期男女孩过早发生性关系。社会资本还能提升社区安全，如果儿童生活在有较高支持性的社会网络中，那么他们失学、犯罪的可能性更低，但如果儿童生活的社区人情冷漠，人们不经常往来，那么这个社区中发生虐待儿童的比例就比较高，社区关系甚至还会影响到孩子的成绩。社会资本还影响到我们的健康和幸福，因为社会网络提供切实的帮助，比如金钱、康复照顾和交通等这些都可以降低精神的和物质的压力，并提供一个安全网，而社会孤立的人们更有可能吸烟、酗酒、暴食并从事其他有害健康的行为，社会资本事实上可能就像一个生理学上的触发机制，刺激人们的免疫系统去战胜疾病和缓解压力。[①]另外，社会资本对经济发展、民主质量都存在非常重要的积极作用，可以扩展个人机遇，促进社会经济繁荣发展，能够通过增强公民意识培养合格的公民，有效促进民主。因此，社会资本的衰退对美国社会将产生广泛的负面影响。那么美国人民可以做些什么来扭转社会资本不断下降的趋势呢？

为了解决这一问题，罗伯特·帕特南在第五部分"那该怎么办"里思考了历史的教训并提出了复兴美国社区的方法和策略。他认为，通过增强公民意识、鼓励公民参与和促进社区互动，可以重建社会资本，实现社区的复兴。同时，政府和社会组织也应该发挥积极作用，为社区发展提供支持和资源。他指出，要唤醒美国人的集体意识，同时还要激发公众找到适合当代的社会参与方式。具体而言，可以从三个方面去努力。社会生活方面，帕特南建议大家都要积极参与社会活动，从小孩子抓起改变新一代美国人的公民意识；要营造放松与信任的工作环境；人们要减少独处式休闲娱乐，要多花时间与邻居、亲朋好友相处；公共空间规划和设置要更

---

① ［美］罗伯特·帕特南.独自打保龄——美国社区的衰落与复兴[M].刘波，祝乃娟，张孜异，林挺进，郑寰，译.北京：北京大学出版社，2011:381.

能够为休闲社交提供条件，如建设更多的小公园与座椅等。文化生活方面，帕特南建议要以艺术为中介，召集各行各业的人一起参加舞蹈社团、歌唱社团、戏剧社等，在文艺活动中产生联系，以此创造更多连接性的社会资本。[①] 政治生活方面，帕特南提议要建立新的结构和政策来使公民参与更加便利，使更多的人能够亲身参与到地方民主生活中。[②] 他希望通过对社会生活、文化生活以及政治生活的全方位改造，二十一世纪美国的社会资本能够逐渐恢复，并最终达到二十世纪五六十年代时的那种高峰状态。

（三）对《独自打保龄——美国社区的衰落与复兴》的评析

《独自打保龄：美国社区的衰落与复兴》一书的核心内容是关于美国社区的衰落与复兴问题，作者罗伯特·帕特南借"独自打保龄"这一现象讨论了二十世纪晚期美国社会资本的变化。保龄球作为一项竞技运动在美国最为流行，20 世纪末由于人口增长，打保龄的美国人人数已经达到史

---

① ［美］罗伯特·帕特南.独自打保龄——美国社区的衰落与复兴 [M].刘波,祝乃娟,张孜异,林挺进,郑寰,译.北京：北京大学出版社, 2011:479.

② ［美］罗伯特·帕特南.独自打保龄——美国社区的衰落与复兴 [M].刘波,祝乃娟,张孜异,林挺进,郑寰,译.北京：北京大学出版社, 2011:470.

上最多，但过去 10—15 年间团队保龄运动却在直线下降，1980—1993 年美国打保龄的人数增加了 10%，而团队保龄却减少了 40% 多。[①] 保龄球只是一个例子，帕特南研究了大量权威统计数据，发现以前的美国人喜欢参加社团活动、关心关注公共话题、热心参与公益事业、热情参加竞选和投票，社会资本比较充足，但从二十世纪七十年代开始，美国人无论是正式的还是非正式的社会联系都呈现出明显减弱的趋势，社会资本全方位流失，这是美国面临的最大危机之一。

该书以问题为导向，书中使用了大量的数据分析资料来揭示记录和展示美国社会联系的减弱和社会资本的流失，通过大量的数据资料呈现美国社会变化趋势，分析为什么会发生这种变化、变化了那会怎么样、我们应该怎么办？全书以明确的问题为导向，以经验事实为依据，此书不在于理论和概念的构建，而是用大量的经验材料和权威数据作为支撑，从民情出发来考察美国社会的变迁，使这本书更具解释力和说服力，体现了社会学见微知著的洞察力。在作者看来，"独自打保龄"是美国社区衰落的一个明显标志，这种现象反映

---

① [美] 罗伯特·帕特南. 独自打保龄——美国社区的衰落与复兴 [M]. 刘波，祝乃娟，张孜异，林挺进，郑寰，译. 北京：北京大学出版社，2011:121.

了人们对于社区的疏离感增强，不愿意参与社区活动，与他人的联系逐渐减弱。而社会资本的流失又反过来加剧了社区衰落，形成了一个恶性循环。帕特南并没有完全放弃对美国社区复兴的希望，他提出了许多切实可行的建议，如加强社区组织建设、鼓励居民参与社区活动、培养共同价值观等，这些措施有助于增强社区的凝聚力、推动社区的复兴。此外，他还强调了政府在社区复兴中的重要作用，认为政府应该加大对社区建设的投入，为社区复兴提供必要的政策和资金支持。由此我们可以看到帕特南对于美国社区未来发展的乐观态度，看到了美国社区复兴的希望。

这本书对于理解美国社会的发展和变迁，以及推动社区建设和发展具有重要的参考价值。作者通过深入分析"独自打保龄"这一现象，探讨了社会资本流失的原因和后果，并提出了解决社区问题的策略和方法，这项研究为美国社会敲响了警钟。他在书中提到的许多观点，例如电视影响社交等在许多国家也同样存在，正因如此，这项研究还影响到美国以外的很多其他地区，在世界各地引起了重要反响。该书出版后被译成二十多种语言，成为社会学经典著作之一。

第四节　关于林南社会资本理论经典著作的解读

林南的《社会资本——关于社会结构与行动的理论》（Social Capital——A Theory of Social Structure and Action）一书从微观层面的个体理性选择行动出发，从个人行动推进到社会网络、制度场域等，在行动和结构互动为基础之上提出了社会资本理论，突破了社会学方法论一直受到的二元对立困境，进一步推进了学术界对社会资本理论的深入研究。

一、《社会资本——关于社会结构与行动的理论》篇章架构

《社会资本——关于社会结构与行动的理论》一书共分为三个部分，包括十三个章节。第一部分是"理论与研究"，作者分七章论述。第一章"资本理论：历史基础"回顾了包括古典的马克思主义资本观、新资本理论——人力资本以及新古典资本理论——文化资本在内的各种关于资本的理论，透过这些资本理论考察资本的本质，分析了古典资本理论宏观分析层次到新资本理论微观分析层次的转向，从而引出另一个新的资本理论——社会资本理论；第二章"社会资本：

通过社会关系获得的资本"回顾了二十世纪七八十年代以来不同学者从不同视角对社会资本的研究，分析出不同视角研究下社会资本的趋同概念；第三章"资源、等级制、网络与同质交往：结构基础"通过等级制与社会位置论述了资源的宏观结构，通过互动与同质交往分析了网络运行与社会资本；第四章"资源、动机与互动：行动基础"论述了资源的微观结构、获取资源的动机以及目的性行动中的同质性互动和异质性互动；第五章"理论与理论命题"提出了关于社会资本理论的四个理论假设，并在此基础上提出了七个理论命题；第六章"社会资本与地位获得：一个研究传统"分析了社会资本和地位获得之间的相互影响；第七章"社会资本的不平等：一个研究议程"研究了造成社会资本不平等的两个主要因素，即资本欠缺和回报欠缺的两个过程，从而分析出社会资本的不平等如何导致了社会地位的不平等。

第二部分是"概念的扩展"，作者分五章论述。第八章"社会资本与社会结构的生成：一个理性选择理论"分析了资源损失的最小化和收益的最大化两类行动理性原则；第九章"名声与社会资本：社会交换的理性基础"阐述了社会交换中的关系理性和"名声"作为参与社会交换动机的重要性；第十章"等级制结构中的社会资本"分析了等级制结构中的层级差异、规模差异、资源差异；第十一章"制度、网络与资本建构：社会转型"论述了通过制度和网络的资本建构何以实现社会的维持和转型；第十二章"网络与地球村：社会资本的兴起"论述了一种新的社会资本——因特网与电子网络，分析了社会资本如何超越个人资本，使市民社会逐渐扩大、变得全球化。

最后一部分是"总结"，作者在第十三章"理论的未来"中对社会资本理论进行了综合概括，建立了社会资本理论的模型，将社会资本模型化，分析了社会资本要素和相互作用模式。

二、林南对资本的解读

林南认为，要明晰社会资本的概念就必须先明确"资本"的确切含义，因此他深入研究了马克思主义资本理论、人力资本理论、文化资本理论，在对其深入分析的基础上，总结和概括出这些资本理论中他个人认为合理的因素。在深入考察"资本"概念的确切含义后，林南又对布尔迪厄和科尔曼以及帕特南等人建立的社会资本理论进行了对比分析，在此基础上以"资源"为核心提出了社会资本理论。

　　林南指出，马克思的资本概念包含五个方面的重要内涵：一，资本与商品生产与交换联系密切；二，资本不仅仅代表商品或价值，不仅仅涉及商品或价值过程，资本还代表着资本家的投资过程；三，作为投资过程的结果，任何形式的资本都是增加的价值，是剩余价值或利润；四，资本在本质涵义上看是一个社会概念；五，资本是资本家从商品生产与流通中获取的利润，体现了资本家对劳动者的剥削。[①] 林南认为马克思对资本的研究建立在阶级基础之上，并不赞成马克思从"阶级关系"出发研究资本问题，因此称其为"马克思的阶级资本理论"，但是林南并未全盘否定马克思对资本问题的研究，反之，马克思的"资本"概念还对他产生了两个方面的影响，一是资本是存在于社会关系中的资源，二是资本是可以带来回报的投资过程。[②] 正因如此，林南才把"资本"概念明确定义为"期望在市场中获得回报的资源投资"。[③]

---

　　① ［美］林南.社会资本——关于社会结构与行动的理论 [M].张磊,译.上海：上海人民出版社，2005:6-7.

　　② 刘少杰.以行动与结构互动为基础的社会资本研究——评林南社会资本理论的方法原则和理论视野 [J].国外社会科学，2004(2).

　　③ ［美］林南.社会资本——关于社会结构与行动的理论 [M].张磊,译.上海：上海人民出版社，2005:1.

林南称马克思的资本理论为"古典资本理论",称文化资本理论和人力资本理论为"新资本理论"。林南认为由法国著名社会学家皮埃尔·布尔迪厄提出来的文化资本理论同马克思的资本理论一样保持了阶级分析的立场。皮埃尔·布尔迪厄将"经济资本"放到惯习和场域的特殊关系中,对马克思的资本理论作了非经济学解读并提出了"文化资本"理论,他认为:"统治阶级利用教化过程,使社会成员在没有任何抵抗、甚至是自觉意识的情况下接受主流文化和价值,并将之内化为自己的一部分,行动者对主流文化与价值(合法化的知识)的获得与误识被称为文化资本。这就是社会再生产的魔法——统治阶级价值的再生产。"① 因此,林南指出皮埃尔·布尔迪厄的文化资本理论也是一种阶级分析的视角,立场出发与马克思的资本理论相同。

林南认为"新资本理论"中的人力资本理论分析视角却不一样,他探讨了约翰逊(Johnson)、舒尔茨(Theodore W·Schultz)和贝克尔(Gary S·Becker)等学者对人力资本的研究,并与马克思的资本理论相比较总结出四个方面的区别。一是马克思的阶级资本理论以商品的生产与交换为核心,

---

① [美]林南. 社会资本——关于社会结构与行动的理论 [M]. 张磊,译. 上海:上海人民出版社,2005:14.

而人力资本理论更关注与劳动者相联系的过程，如劳动者提升自己的知识、能力和社会地位等，即马克思的阶级资本理论关注的是资本表现为物力资源的客观性，但人力资本理论关注的却是人和附着在人身上的主观性。① 二是马克思的阶级资本理论认为劳动者仅仅只是被剥削的对象，但在人力资本理论中劳动者被看作投资者，可以通过提升自己的技能来增加获取的回报。② 三是马克思的阶级资本理论认为劳动者完全处于被动地位，他们的行动目的是被资本家强加的，但人力资本理论认为劳动者的行动目的可以被激发，劳动者是有行动目的和主观能动性的行动者，因为他们意识到获取技能和知识会提高获得更多的回报的可能性。③ 第四，马克思的阶级资本理论中资本与生产和交换的过程相联系，但人力资本理论把资本的获得与劳动者投资教育、获取知识技能联系起来，"将分析的注意力转移到对劳动者将技能和知识生

① ［美］林南. 社会资本——关于社会结构与行动的理论 [M]. 张磊, 译. 上海：上海人民出版社，2005:10.

② 刘少杰. 以行动与结构互动为基础的社会资本研究 ——评林南社会资本理论的方法原则和理论视野 [J]. 国外社会科学，2004(2).

③ 刘少杰. 以行动与结构互动为基础的社会资本研究 ——评林南社会资本理论的方法原则和理论视野 [J]. 国外社会科学，2004(2).

产作为投资的微观结构上。"①

　　林南通过对"资本"的解读总结出，古典的马克思主义资本观到新资本理论体现出由宏观分析到微观分析的转向，研究的重点变成作为行动者的个体劳动者。新资本理论强调个人行动与结构位置在资本化过程中的互动，都承认在结构约束下的互动或选择行动解释了资本化的过程。② 林南正是用社会资本理论来详尽阐释个体行动与社会结构之间的互动问题，他认为："社会资本理论应该完成三个任务：第一，应该解释资源如何呈现出价值，以及有价值资源在社会中如何分配资源的结构性嵌入；第二，应该显示，个体行动者如何通过互动和社会网络，对这些结构的嵌入性资源——机会结构——的获取变得有差异；第三，应该解释，为了有所获，如何将这些社会资源动员起来——激活的过程"。③

　　① ［美］林南．社会资本——关于社会结构与行动的理论 [M]．张磊，译．上海：上海人民出版社，2005:12.

　　② ［美］林南．社会资本——关于社会结构与行动的理论 [M]．张磊，译．上海：上海人民出版社，2005:17.

　　③ ［美］林南．社会资本——关于社会结构与行动的理论 [M]．张磊，译．上海：上海人民出版社，2005:28.

三、社会资本理论构架

林南的社会资本理论构架主要由五个假定和七个命题组成，他在《社会资本——关于社会结构与行动的理论》中提出了宏观、中观和微观三个层面上的 5 个理论假定，其中宏观结构方面的假定三个，中观和微观层面的假定两个。

宏观层面是关于社会结构的假定：

理论假定一：结构假定。假定社会结构由一系列位置组成，这些位置由有价值的资源来确定等级次序，等级制结构的位置层级形成了有层级性的金字塔形状，嵌入在不同位置构成的社会结构中的有价值的资源也呈金字塔状存在。[①] 这些资源的可获取性 (accessibility) 和控制方面同样有金字塔形状。

理论假定二：各种有价值资源形成了等级制结构的基础，每一种资源界定了一个特定的等级制，但是这些等级制往往是一致的，具有可转换性，也就是说在一个资源维度上具有相对高地位的位置占据者，往往也在另一个资源维度上占据

---

① [美] 林南. 社会资本——关于社会结构与行动的理论 [M]. 张磊, 译. 上海：上海人民出版社，2005:73.

相对高的位置。① 例如一个在职场上有权的人在与有钱的人的谈判与交易中，往往能够通过"借出"权利获得一些财富。

理论假定三：在金字塔状的等级制结构中，位置越高占据者越少，位置越高越有机会获取和控制有价值的资源。

中观和微观层面是关于互动和行动的假定：

理论假定一：互动假定。假定有同质性互动原则，即互动在相似的或临近的等级制层级的行动者之间更有可能发生，资源越相似的个体在互动中需要作出的努力就越小，社会位置越靠近或者更相似，占据者彼此互动的可能性越大。②

理论假定二：行动假定。在社会行动中行动者受维持和获取资源的目的驱动，维持资源的行动可以称为表达行动（expressive action），获得资源的行动可以称为工具行动（instrumental action），社会资本的投资行动是一种目的行动。③

林南在上述五个假定基础上，对于连接社会资本与行动

---

① [美] 林南. 社会资本——关于社会结构与行动的理论 [M]. 张磊, 译. 上海：上海人民出版社, 2005:56.

② [美] 林南. 社会资本——关于社会结构与行动的理论 [M]. 张磊, 译. 上海：上海人民出版社, 2005:56.

③ [美] 林南. 社会资本——关于社会结构与行动的理论 [M]. 张磊, 译. 上海：上海人民出版社, 2005:56.

的理论还提出了七个命题（proposition）：

理论命题一：社会资本命题，即行动的成功与社会资本正相关，成功的行动在于积极地联结社会资本。①

理论命题二：地位强度命题（the strength of position proposition），即初始位置越好越有利于行动者获取或利用更好的社会资本。②

理论命题三：强关系强度命题（the strength of strong tie proposition），即关系越强，获取的社会资本越可能正向地影响表达性行动的成功。③

理论命题四：弱关系强度命题（the strength of weak tie proposition），即关系越弱，自我在工具性行动中越可能获取好的社会资本。④

理论命题五：位置强度命题（the strength of location proposition），即个体越靠近网络中的桥梁，他们在工具性

① ［美］林南. 社会资本——关于社会结构与行动的理论 [M]. 张磊, 译. 上海：上海人民出版社，2005:59.
② ［美］林南. 社会资本——关于社会结构与行动的理论 [M]. 张磊, 译. 上海：上海人民出版社，2005:63.
③ ［美］林南. 社会资本——关于社会结构与行动的理论 [M]. 张磊, 译. 上海：上海人民出版社，2005:64.
④ ［美］林南. 社会资本——关于社会结构与行动的理论 [M]. 张磊, 译. 上海：上海人民出版社，2005:65.

行动中获取的社会资本越好。①

理论命题六：位置—地位交叉命题（the location by position proposition），即对于工具性行动，网络位置 (location)（靠近桥梁）强度视桥梁所连接的不同资源而定。②

理论命题七：结构相依命题（the structural contingency proposition）：对于那些处于层级结构顶部及附近或者底部及附近的行动者来说，网络运作（关系与位置）效应受到等级制结构的限制。③

林南在《社会资本——关于社会结构与行动的理论》中充分论述了这五个假设与七个命题，这些假设与命题是林南社会资本理论的最基本观点，是他对社会资本理论的集中概括，他以这些假设与命题为基础架构起一个从微观到中观再到宏观的理论视野。林南通过考察行动者如何获得嵌入到社会网络中的资源来研究社会资本，并建立了社会资本分析模型。该模型包含三个方面的内容，即社会资本的投资、社会

---

① ［美］林南. 社会资本——关于社会结构与行动的理论 [M]. 张磊, 译. 上海：上海人民出版社，2005:68.

② ［美］林南. 社会资本——关于社会结构与行动的理论 [M]. 张磊, 译. 上海：上海人民出版社，2005:70.

③ ［美］林南. 社会资本——关于社会结构与行动的理论 [M]. 张磊, 译. 上海：上海人民出版社，2005:72.

资本的动员以及社会资本的回报。[①]

五、对《社会资本——关于社会结构与行动的理论》的评析

《社会资本——关于社会结构与行动的理论》是一本深入剖析社会资本与其在社会结构与个体行动间所起作用的重要学术著作。林南教授以其深厚的学术背景和独特的理论视角深入剖析了社会资本的重要性和其在社会结构与个体行动之间的互动作用。林南教授将社会资本置于资本理论的框架中，为我们提供了一个全新的视角，以理解社会网络、关系以及它们如何影响个人和组织的成功。

首先，林南教授强调了社会资本的重要性。他指出，社会资本是通过社会联系和社会关系所获取的资源，与人力资本（个体或组织实际所拥有的资源）一样，对于实现个体、社会群体、组织和社区的目标至关重要。这种资源不仅仅是物质的，更包括信息、信任、合作等非物质资源。这些资源能够增强个人或组织的竞争力，使其在社会中获得更多的机会和成功。其次，林南教授详细阐述了社会资本的要素、命

---

① 　[美]林南. 社会资本——关于社会结构与行动的理论 [M]. 张磊, 译. 上海：上海人民出版社，2005:235.

题和理论发现。他认为，社会资本是由一系列要素构成的，包括社会网络、社会信任、社会规范等。这些要素在不同的社会结构中发挥着不同的作用，但它们共同构成了社会资本的核心。通过深入剖析这些要素，林南教授为我们揭示了社会资本与个体行动、社会结构之间的紧密联系。此外，林南教授还提出了社会资本理论的研究计划与研究议程。他认为，未来的研究应该更加关注社会资本与社会变迁、制度转型之间的关系，以及如何在不同的文化和社会背景下应用社会资本理论。这些研究议题无疑将为我们进一步深入研究社会资本提供有益的启示。总之，《社会资本——关于社会结构与行动的理论》一书为我们提供了全新的视角来理解和应用社会资本。它不仅丰富了我们对社会结构和个体行动的认识，还为我们提供了新的思路和方法来推动社会发展和进步。虽然存在一些不足，但整体而言，这本书具有很高的学术价值和实际应用价值，值得我们深入阅读和思考。

第五章　社会资本理论的学术贡献 与理论局限

社会资本理论自 20 世纪 70 年代兴起以来，在社会科学领域产生了广泛而深远的影响，被广泛应用于劳动就业与移民、教育与家庭、经济与社会发展、社会治理等领域，它为我们理解社会结构、社会关系以及个体行为提供了新的视角。然而，任何理论都有其局限性，社会资本理论也不例外。本章将探讨社会资本理论的学术贡献和理论局限。

第一节　社会资本理论的学术贡献

社会资本理论作为现代社会科学的理论框架之一，具有广泛的理论价值和实际应用价值，不断深化对社会资本理论的研究和应用可以更好地应对各种社会挑战和问题，推动社会的持续发展和进步。下面将详细探讨社会资本理论在这些方面的学术贡献。

一、超越个体行动和社会结构之间的二元对立

在西方社会学发展历程中，西方传统社会学理论一直存在"社会结构的制约性"和"个人行为的自主性"之间"二元对立"的问题，结构与能动间的二元对立是西方社会学在方法论立场上的分裂导致的困境。西方社会学自创立以来，以孔德和迪尔凯姆为代表的"唯实论"者在"二元对立"中坚持客体主义，"强"社会结构制约性，而以韦伯为代表的"唯名论"者则坚持主体主义，"强"个人行为的自主性。在结构主义理论观点中，结构是决定表象的客观存在，社会结构被置于首要位置，无论是弗洛伊德提出的心智的无意识结构还是列维斯特劳斯分析的神话结构，都在试图建构一套不依赖于主观意志而转移的客观模型。但在行动理论中，以韦伯和齐美尔为代表的学者则主张"通过对各种社会行动的观察理解，找出这些行动的意义和合理性以此来说明行动"①，即用解释性理解来研究行动者的行动。社会学家们开展的诸多研究或过分强调客观主义，以一种外在观察者的视角强调

---

① 郑航生主编. 社会学概论新修（第三版）[M]. 北京：中国人民大学出版社，2002:543.

结构以及系统的客观制约作用而忽视了行动者的主观能动性，或过分强调行动者的能动性，强调行动者的个人意识、经验等主观性因素而忽视了行动者所处的外在社会结构的制约性。无论是坚持"客体主义"的"唯实论"还是坚持"主体主义"的"唯名论"都存在缺陷，"唯实论"将社会视为一个客观实体，认为社会结构对个人行为具有决定性作用，过分地强调社会结构的制约性，忽视了个人行为的自主性和能动性，"唯名论"则认为社会由个人的行动构成，过分地强调个人行为的自主性，忽视了社会结构的制约性。社会学家们也意识到两种理论范式各自存在的缺陷，如何超越结构与能动之间的"二元对立"一直是社会学家们致力于探索研究的问题，为突破"二元对立"存在的困境做了大量的尝试和努力。

　　针对古典的行动/结构二元论，社会学家吉登斯抛弃了社会"唯实论"和"唯名论"的视角，创造性地提出了对现代社会学产生深远影响的结构化理论，结构化理论的核心是结构的二重性。在吉登斯看来，结构的二重性指的是行动者在结构的制约中再生产了制约行动者的结构，结构就是不断地卷入到社会系统的再生产过程之中的规则和资源。[①]结构

---

　　①　[英]吉登斯.社会的构成[M].李康，李猛，译.北京：三联书店，1998:52.

化理论的两条主线是个人行动的自主性与社会结构的制约性，两者之间以实践为中介实现互相影响。吉登斯从实践的角度考察行动、结构及其二者的关系，指出结构既是实践的中介又是实践的结果，实践又是行动存在的方式，行动和结构是实践的两个侧面，在社会实践中行动和结构相互之间是对方的使能条件，即相互制约又相互生产。在实践中，结构制约行动者的行动，行动者对结构进行利用，实践的过程就是规则和资源生产与再生产的过程。结构是情境性的，规则和资源相互依存共同构成结构，制约行动。

　　皮埃尔·布尔迪厄提出"场域理论"来说明个体行动和社会结构之间的"二元互动"关系。场域是实践开展的场所，资本则是场域内斗争的武器，在场域内资本和惯习相互作用为实践提供可能，惯习使行动者习惯于选择根据他们所拥有的资源和过去的成功经验去行动。通过实践，又产生新的原则作用于惯习，形塑场域的结构，导致资本的转化或获得。[①]在实践中，位置作为场域中各种关系交织结成的网结含有资源或者资本，个人或者组织只有拥有某种资源或者资本才能占据某种社会位置，也因为占据了某种社会位置才能获得更

---

　　① 周冬霞.论布迪厄理论的三个概念工具——对实践、惯习、场域概念的解析 [J].改革与开放，2010(1).

多的资源或者资本。因此，个体在社会场域中的实践具有双重建构效果，即建构自身习性，又凭借自己的能动性通过各种社会制约条件建构社会结构，社会资本正是在这种个体行动和社会结构的互动中被创造出来，被认为是"实际的或潜在的资源的集合体。"① 社会资本与个体行动之间是一种"互构关系"，社会资本制约着行动，而行动则在社会资本的制约中再生产了制约行动的社会资本。社会资本与行动并不是彼此独立的两个既定现象，相互之间是对方的使能条件，体现着一种二重性。对于一个社会组织而言，资本是组织开展行动的必备要素，总是同时兼具使动性和制约性，资本使行动成为可能，同时又制约着行动的可能性。资本对于组织反复开展的行动来说，既是后者的中介，又是它的结果，因为行动会反过来创造着资本。组织的行动者在行动时总是处于某种具体情境并利用着丰富多样的行动情境中可利用的资本，因此，包括社会资本在内的资本并不外在于行动，从某种特定的意义上来说，资本"内在于"行动，体现在各种社会实践中，通过实践不断被卷入行动的生产与再生产。林南把社会资本作为一种投资活动，从占据一定社会地位和拥有

---

① 布迪厄. 文化资本与社会炼金术 [M]. 包亚明，译. 上海：上海人民出版社，1997:202.

一定社会资源的个体及个体的行动出发，对个体行动的研究主要是分析资源是如何被动员起来并转换成为社会资本的整个过程。林南对社会资本的研究进一步论述了个体行动对社会结构的主动生成作用和社会结构对个体行动的制约性，以此超越西方传统社会学理论一直存在"社会结构的制约性"和"个人行为的自主性"之间"二元对立"。

二、消解整体论和个体论之间的二元对立

社会资本理论消解了整体论和个体论之间的"二元对立"。在社会学理论中，整体论和个体论之间的对立由来已久，个体主义认为社会只是个体的相加和集合，所有的社会现象都只能从个体行为出发来解释，个体是社会学分析的基本单元。与此相反，整体主义认为社会不是个体的简单相加，不能还原为简单的个体，社会作为一个整体由其自身的结构属性，个体不能解释整体，而且个体自身还需要通过整体才能得以解释说明。

整体论和个体论之间在研究对象方面存在明显的对立。整体论强调社会现象和过程的整体性，重视社会结构、社会制度和社会系统等宏观层面的研究。这种观点认为社会是一

个有机的整体，各个组成部分之间存在着相互依存、相互影响的关系，应该从宏观的角度去理解和分析社会现象。相反，个体论则强调个人在社会中的地位和作用，重视个体行为、个体经验和个体心理等微观层面的研究。这种观点认为社会是由一个个独立的个体所组成，应该从个体的角度去揭示社会现象的本质和规律。在方法论上，整体论和个体论也存在明显的对立。整体论倾向于采用宏观的方法论，强调对社会整体的把握和整体内部各个部分之间的联系，往往采用统计、调查和系统分析等宏观研究方法。而个体论则更倾向于采用微观的方法论，强调对个体行为的深入剖析和个体经验的独特性，常常采用个案研究、实验和观察等微观研究方法。在价值观念上，整体论和个体论也存在明显的对立。整体论强调社会的整体利益和公共利益，认为社会应该以整体的利益为导向，个人的行为应该符合社会的整体利益，这种观点往往强调社会的秩序、稳定和和谐。而个体论则更强调个人的自由和权利，认为个人的价值和尊严应该得到充分的尊重和保护，社会的目标应该是促进个人的自由和发展，这种观点往往强调个体的自主性和创造性。在社会功能方面，整体论和个体论也存在对立。整体论认为社会应该发挥其整合、调节和规范的功能，通过维护社会的秩序和稳定来满足人们的需要和促进社会发展。这种观点认为社会的功能在于创造一个良好的社会环境，促进社会的进步和发展。而个体论则更强调社会的创新和变革功能，认为社会的进步和发展源于个体的创新和变革。这种观点认为社会的功能在于提供一个自由的环境，激发个体的创新精神和变革动力。

社会资本理论从主客二元对立的思维方式转变为主体之间亦即在人际关系中思考社会生活的思维方式，主张关系的首要地位，反对整体或个体在本体论意义上的先在性，达到对其二元对立的超越。①皮埃尔·布尔迪厄（Pierre Bourdieu）既反对整体论认为的"社会决定个人"，也反对个体论坚持的"个人决定社会"，他主张关系的首要地位。布尔迪厄认为"存在的就是关系的"②，社会生活中所有的存在离开社会关系就只能是抽象的观念，真实存在的一定是各种社会关系，在社会关系中发生的社会联系才是真实的。林南（Nan Lin）吸收了布尔迪厄的思想，主张关系的首要地

---

① 梁德阔. 社会资本理论对社会学方法论二元对立的消解 [J]. 安徽大学学报（哲学社会科学版），2007(06).

② [法] 布尔迪厄,[美] 华康德. 实践与反思——反思社会学导论 [M]. 李猛, 译. 北京：中央文献出版社,1998:133.

位，"反对整体论或个体论在本体论上的先在性"。[①] 在他看来，社会生活中真实存在的是各种社会关系，社会资本是一种制度化了的网络关系，因此产生了制度化组织，制度化组织的目的或使命是对个体（行动者）进行训练与灌输，使之具有符合现行制度的仪式与行为的价值和技能。[②] 在制度场域，代表整体的组织和代表个体的行动者成为建构对象，整体与个体之间的二元对立被消解。因此，林南认为制度化组织与社会网络构成了社会的基础结构。[③]

三、实现微观与宏观的连接

在社会学方法论领域中，整体论和个体论之间的二元对立导致了宏观理论与微观分析相互脱节。宏观理论关注的是社会的整体结构和宏观现象，研究社会的总体运行规律，侧重于社会结构的理论分析。相比之下，微观分析则更关注个体、群体和人际互动等微观层面的社会现象，它研究个体在

---

① 周业勤．从实体到关系：个体主义和整体主义的困境与超越 [J]．上海大学学报，2004(4)．

② [美] 林南．社会资本——关于社会结构与行动的理论 [M]．张磊，译．上海：上海人民出版社，2005:191．

③ [美] 林南．社会资本——关于社会结构与行动的理论 [M]．张磊，译．上海：上海人民出版社，2005:193．

社会中的行为、互动和关系，以及群体内的动态和互动过程，旨在理解个体的社会行为和社会心理。因为研究角度和方法上存在差异，宏观角度关注社会结构的形成和运作规律，而微观角度则关注个体与个体之间的相互作用和联系。社会学中的宏观理论与微观分析相互脱节是一个常见的问题，这主要是因为两者的研究重点和角度不同。宏观理论更关注整体的结构和趋势，而微观分析则更关注个体的行为和经验。许多社会学家也认识到宏观理论与微观分析相互脱节的问题，并致力于为了改变这种脱节现象。例如默顿就曾呼吁社会学家们建构一种"中层理论"来实现微观与宏观的连接。

社会资本理论的发展在一定程度上弥合了微观与宏观的鸿沟。布朗曾将社会资本的分析归纳为微观层次、中观层次和宏观层次三种。在微观层次，社会资本的主体是个体，主要关注个体如何通过构建和利用社会关系网络来获取资源，并以此来实现个人目标。这个层次的社会资本涉及个体在社会网络中的位置、联系和互动，这些因素决定了个体能够获取和利用的资源类型和数量。例如，个体的社交网络可能为其提供情感支持、信息交换、商业机会以及合作机会等。此外，个体的社会资本还包括其信任、声誉和社会规范等因素，这些因素共同影响个体的行为和决策。在中观层次，社会资本的主体是家庭、社区、企业等群体或组织，关注的是由个体组成的群体或组织的内部结构和关系。这一层次主要考察群体的社会网络结构、互动模式以及群体内部的规范和信任等因素。这些因素共同影响群体内部的资源分配、合作程度以及创新能力的发挥。在中观层次，社会资本的研究还关注群体的集体行动能力，即群体如何通过集体行动来解决问题、实现共同目标以及维护群体利益。在宏观层次，社会资本的主体是国家和社会，关注整个社会的结构和制度环境，这一层次主要考察社会的经济制度、政治制度、法律制度以及文化背景等因素如何影响社会资本的形成和发展。宏观层次的社会资本还包括社会信任、社会规范以及社会凝聚力等因素，这些因素共同影响社会的稳定、繁荣和发展。在宏观层次，社会资本的研究关注如何通过改善制度环境、促进社会信任和合作来增强整个社会的福祉和创新能力。总结来说，社会资本研究的微观、中观和宏观三个层次分别关注个体、群体和社会等不同层面的社会资本及其对社会行为和社会发展的影响，这三个层次相互关联、相互作用，共同构成了社会资本理论的完整框架。

正如林南指出："社会资本理论及其研究事业表明，通过考察嵌入到社会网络中的资源的获得机制和过程，可以很好地理解社会资本，正是这些机制和过程，有助于弥合在理解结构与个体之间的宏观和微观连接时出现的概念鸿沟。"[①] 社会资本理论在微观和宏观层面之间建立连接的关键在于理解社会资本的三个层次：微观、中观和宏观，需要认识到不同层次的社会资本之间的相互作用和影响。个人层面的社会资本可以通过社会网络和社群组织扩展到中观层面，进而对整个社会产生影响。同时，宏观层面的社会资本也可以通过制度和文化等因素对个人和社群产生影响。社会资本理论认识到社会结构中的各个层次——从个人到社群再到整个社会——都是相互关联、相互影响的。它强调个人在社会网络中的位置和关系，以及这些位置和关系如何影响个人获取资源和实现目标的能力，这些关系不仅仅是微观层面的个体间互动，也反映了宏观层面的社会结构和规则。社会资本理论认为，社会的结构和规则会影响个体的行为和机会，同时个体的行为和选择也会反过来影响社会的结构和规则，这种双向影响使得社会资本理论能够在微观和宏观之间建立联系。社会资本理论还关注集体行动和公共物品的产生和维持，这些概念既涉及微观层面的个体行为和选择，也涉及宏观层面的社会

---

① ［美］林南. 社会资本——关于社会结构与行动的理论 [M]. 张磊, 译. 上海：上海人民出版社, 2005:130.

结构和规则。例如，一个社区的公共设施的维护和使用，既需要个体的参与和贡献，也受到社区整体规则和结构的影响。因此，社会资本理论通过关注个人在社会网络中的位置和关系，强调社会结构各层次之间的交互作用、集体行动以及制度和文化等因素，有效地超越了微观与宏观之间的鸿沟。这种理论视角使得我们能够更好地理解个体行为和社会结构之间的相互关系，以及这种关系如何影响社会的运行和发展。

社会资本理论是一个广泛应用于各个领域的理论框架，它强调了社会关系网络、信任、规范和参与等因素在推动社会发展中的重要作用，在多个领域展现出了其独特的价值和深远的影响力。它不仅为我们理解社会现象提供了新的视角，也为解决现实问题提供了有力的理论支撑，被广泛应用于增强社区参与、完善社会治理、提高教育水平、改进公共服务、促进经济发展等领域。

第二节　社会资本理论的理论局限

二十世纪九十年代以来，社会资本理论成为学界关注的热点问题，西方学者提出社会资本理论后，社会资本理论的解释力就引起了一些国内学者的关注，并试图用该理论来解释中国社会现象。虽然社会资本理论对各种社会现象和社会问题有强大的解释力，但也有一些局限。

社会资本理论在发展过程中，最为突出的问题是社会资本难以测量。社会资本难以测量主要是受了社会资本特殊属性的影响。首先，社会资本具有无形性与抽象性，它是无形的、抽象的，它不像物质资本那样具有明确的形态和量化标准，难以通过传统的物理或经济指标进行直接度量。其次，社会资本具有嵌入性与关系性，社会资本嵌入在社会关系网络之中，与个体或群体的社会互动和联系紧密相关。这种嵌入性和关系性使得社会资本难以通过简单的量化方法进行测量，因为它涉及复杂的社会结构和动态过程。再次，社会资本具有多维性与异质性，这些多维性和异质性使得社会资本难以用一个统一的指标或方法进行测量。又次，社会资本具有动态性与变化性，它会随着时间和情境的变化而发生变化。因此，对于社会资本的测量需要考虑其动态性和变化性，而不仅仅是静态的度量。最后，社会资本的形成和发展受到文化背景、社会环境等多种因素的影响。因此，对于不同文化或社会环境下的社会资本测量需要考虑到其文化背景和情境依赖性。由于上述特性的存在，社会资本难以用一个简单的量化指标或方法进行测量，研究者在进行实证研究时会面临指标选择和测量的困难，这也限制了社会资本理论在宏观层面的深入研究。

概念界定的不统一是社会资本研究面临的另一问题，这种不统一主要体现为对社会资本定义的理解不同。国外学者们在社会资本的定义上存在显著的差异，有的从社会关系网络的角度来定义社会资本，有的从社会结构的角度来定义社会资本，还有的从社会资源的角度来定义社会资本，这种不同的定义方式导致了人们在理解社会资本时产生了差异。因此，未来社会资本理论的发展需要更加深入地探讨其概念界定，以推动理论的进一步成熟和应用。

西方社会资本理论往往以西方文化为背景，主要适用于西方国家的政治制度、经济制度、社会制度和现实国情，因此，"社会资本"作为一个"外来概念"，我们将它作为一个分析工具来研究中国的社会现象和社会问题时，一定要结合中国传统文化和本土社会的具体情况，认识西方社会资本理论的局限性和适用条件，避免简单地套用西方社会资本理论。在实际应用中，社会资本理论仍面临一些挑战和限制。例如，如何准确衡量社会资本的大小？如何评估社会资本在不同社会群体中的作用？如何有效地利用社会资本来推动社会发展和进步？这些问题仍需要我们进一步探索和研究。

附　录　西方学者对"社会资本" 的论述摘编

序号	学者	有关"社会资本" 的论述	资料原始出处	转引文献名称
1	翰尼范（L.J. Hanifan）	Those tangible substances count for most in the daily lives of people: namely good will，fellowship，sympathy, and social intercourse among the individuals and families who make up a social unit——if an individual comes into contact with his neighbor，and they with other neighbors，there will be an accumulation of social capital，which may immediately satisfy social needs and which may bear a social potentiality sufficient to the substantial improvement of living conditions in the whole community.	The Rural School Community Centre （1916）	吴军，夏建中．国外社会资本理论：历史脉络与前沿动态 [J]. 学术界，2012(08).

续表

		在人们的生活中，这些实在的物质（这种资源与物质资源有着同等重要的价值），比如，组成作为社会结构基本单位的个体和家庭中的社会交往过程所产生的良好愿景、伙伴关系、同情怜悯、往来互动……这些东西能在个体和家庭之间产生社会纽带；如果个体和邻里之间的相互接触和交往增多，社会资本就会产生并不断积累；社会资本不仅能够满足社会的需要，而且还能激发潜在的动力来改善整个社区大众的生活条件。		
2	简·雅各布斯（Jane Jacobs）	街区邻里之间形成的社会网络是一个城市不可替代的社会资本，当这种社会资本慢慢消失时，它给城市带来的好处也就减少或消失；也只有当这种资本慢慢再开始积累时，这种益处才可能再次出现。	The Death and Life of Great American Cities (1961)	吴军，夏建中.国外社会资本理论：历史脉络与前沿动态 [J].学术界，2012(08).

续表

3	皮埃尔·布尔迪厄（Pierre Bourdieu）	实际或潜在的资源集合，这些资源与拥有相互熟识和认可的、或多或少制度化的关系的持久网络相联系。	1980 年发表在《社会科学研究》上的文章里，题为《社会资本随笔》	吴军，夏建中.国外社会资本理论：历史脉络与前沿动态 [J].学术界，2012(08).
4	皮埃尔·布尔迪厄（Pierre Bourdieu）	Social capital is the aggregate of the actual or potential resources which are linked to possession of a durable network of more or less institutionalized relationships of mutual acquaintance and recognition—or in other words, to membership in a group—which provides each of its members with the backing of the collectivity-owned capital, a "credential" which entitles them to credit, in the various senses of the word. These relationships may exist only in the practical state, in material and/or symbolic exchanges which help to maintain them.	The Forms of Capital（《资本的形式》(1986 年))	Bourdieu, P. The Forms of Capital [M], Nice,R. (trans.). In Richardson, J. (ed.), Handbook of Theory and Research for the Sociology of Education. Westport: Greenwood Press, 1986:248-249.

		社会资本是实际的或潜在的资源的集合体，那些资源是同对某种持久性的网络的占有密不可分的，这一网络是大家共同熟悉的、得到公认的，而且是一种体制化关系的网络，或换句话说，这一网络是同某个团体的会员制相联系的，它从集体性拥有的资本的角度为每个会员提供支持，提供为他们赢得声望的'凭证'，而对于声望则可以有各种各样的理解。这些关系也许只能存在于实际状态之中，只能存在于帮助维持这些关系的物质的和/或象征性的交换之中。		

| 5 | 詹姆斯·S.科尔曼（James S.coleman） | 社会资本的定义由功能而来，它不是某种单独的实体，而是具有各种形式的不同实体；其共同特征有两个：它们由构成社会结构的各个要素组成，它们为结构内部的个人行动提供便利。 | Social Capital in the Creation of Human Capital（1998） | 吴军，夏建中.国外社会资本理论：历史脉络与前沿动态[J].学术界，2012(08). |
| | 詹姆斯·S.科尔曼（James S.coleman） | 社会资本存在于人际关系的结构之中。 | Foundations of Social Theory（1990） | 詹姆斯·科尔曼.社会理论基础[M].邓方，译.北京：社会科学文献出版社，1999:279. |

续表

6	詹姆斯·S.科尔曼（James S.coleman）	微观层面的个体行动是一种理性行动，这种行动具有目的性，行动的原则在于试图控制能够满足自己利益的资源；在他看来，个体行动者有三种资本：物质资本、人力资本和社会资本。物质资本是指土地、货币、机器设备等物质资源，人力资本主要是指体力和智力资源；通过改造物质材料，如制造为生产提供便利的工具，可以形成物质资本；通过改变人，如传授或学习技能，改变行动方式，可以创造人力资本；社会资本表现为人与人之间的关系，通过社会关系的投资可以积累和增加社会资本。	Foundations of Social Theory（1990）	詹姆斯·科尔曼.社会理论基础[M].邓方，译.北京：社会科学文献出版社，1999:356.
7	詹姆斯·S.科尔曼（James S.coleman）	社会资本是指嵌入在社会结构或人际网络的社会联系中，为个人或组织所控制和利用，有助于实现其行动目的的显在或潜在的各种资源。	Foundations of Social Theory（1990）	詹姆斯·科尔曼.社会理论基础[M].邓方，译.北京：社会科学文献出版社，1999:354.

续表

8	罗纳德·博特 (Ronald Burt)	朋友、同事以及更一般的熟人，通过他们获得使用金融和人力资本的机会。	Making Democracy Work: Civic Traditions in Modern Italy（1993）	张文宏.社会资本理论争辩与经验研究 [J].社会学研究,2003(4).
9	罗纳德·博特 (Ronald Burt)	社会资本的网络结构受到网络限制、网络规模、网络密度和网络等级制等因素的影响.	Making Democracy Work: Civic Traditions in Modern Italy（1993）	张文宏.社会资本理论争辩与经验研究 [J].社会学研究,2003(4).
10	罗伯特·普特南（Robert D.Putnam）	社会资本是指社会组织的特征，诸如信任、规范和网络的社会资源，它们能够通过促进合作行为来提高社会的效率。社会资本提高了投资于物质资本和人力资本的收益。	Making Democracy Work: Civic Traditions in Modern Italy（1993）	罗伯特·普特南.使民主运转起来——现代意大利的公民传统 [M].王列,等,译.南昌:江西人民出版社,2001:195.

11	罗伯特·普特南（Robert D.Putnam）	就像常规资本一样，那些拥有社会资本的人往往会积累更多的社会资本，"拥有者得到的更多"。	Making Democracy Work: Civic Traditions in Modern Italy（1993）	罗伯特·普特南.使民主运转起来——现代意大利的公民传统[M].王列，等，译.南昌：江西人民出版社，2001:198.
12	罗伯特·普特南（Robert D.Putnam）	信任是社会资本的必不可少的组成部分。	Making Democracy Work: Civic Traditions in Modern Italy（1993）	罗伯特·普特南.使民主运转起来——现代意大利的公民传统[M].王列，等，译.南昌：江西人民出版社，2001:199.

13	罗伯特·普特南（Robert D.Putnam）	普遍的互惠是一种具有高度生产性的社会资本……有效的普遍互惠规范可能会与密集的社会交换网络相连。	Making Democracy Work: Civic Traditions in Modern Italy（1993）	罗伯特·普特南.使民主运转起来——现代意大利的公民传统[M].王列，等，译.南昌：江西人民出版社，2001:202.
14	罗伯特·普特南（Robert D.Putnam）	公民参与网络属于密切的横向互动，这些网络是社会资本的基本组成部分。在一个共同体中，此类网络越密，其公民就越有可能进行为了共同利益的合作。	Making Democracy Work: Civic Traditions in Modern Italy（1993）	罗伯特·普特南.使民主运转起来——现代意大利的公民传统[M].王列，等，译.南昌：江西人民出版社，2001:203.

续表

15	罗伯特·普特南（Robert D.Putnam）	社会资本的存量，如信任、规范和网络，往往具有自我增强性和可累积性。	Making Democracy Work: Civic Traditions in Modern Italy（1993）	罗伯特·普特南.使民主运转起来——现代意大利的公民传统[M].王列，等，译.南昌：江西人民出版社，2001:208.
16	罗伯特·普特南（Robert D.Putnam）	社会资本，如信任、规范和网络，一般说来都是公共品(public goods)，而常规资本一般则是私人品(private goods)。这是社会资本的一个特性。	Making Democracy Work: Civic Traditions in Modern Italy（1993）	罗伯特·普特南.使民主运转起来——现代意大利的公民传统[M].王列，等，译.南昌：江西人民出版社，2001:220.

续表

17	罗伯特·普特南（Robert D.Putnam）	社会资本是一种"公共物品"，它不是从中获益的那些人的私有财产。和清洁的空气、安全的街道这些公共物品一样，社会资本不能由私人部门提供。这意味着社会资本必然是其他社会活动的副产品，并且可以在不同的社会背景下转移。	Turning In, Turn Out:The Strange Disappearance of Social Capital in America (1995)	张文宏.社会资本：理论争辩与经验研究 [J].社会学研究，2003(04).
18	亚历山德罗·波茨（Alejandro Portes）	通过个体具有的成员资格身份在宽泛的社会结构 (如组织、网络等) 中获得短缺资源的能力，而且，这种获取社会资本的能力不是固定不变的，而是存在于个体之间变动着的关系中；社会资本是嵌入的结果。	Economic Sociology and the Sociology of Immigration: A Conceptual Overview (1995)	吴军，夏建中.国外社会资本理论：历史脉络与前沿动态 [J].学术界，2012(08).
19	亚历山德罗·波茨（Alejandro Portes）	个人通过他们的成员身份在网络中或在更宽泛的社会结构中获取稀缺资源的能力……获取能力不是个人固有的，而是个人与他人关系中包含的一种资产，社会资本是嵌入的结果。	Social Capital: Its Origins and Applications in Modern Sociology (1998)	托马斯·福特·布朗.社会资本理论综述 [J].木子西，编译.马克思主义理论与现实，2002 (2)：43.

续表

20	弗朗西斯·福山（Francis Fukuyama）	社会资本是由社会中的普遍信任产生的一种力量；它不仅体现在家庭这种最小、最基本的社会群体中，还体现在国家这个最大的群体中，其他群体也同样体现这种资本；社会资本与通过文化机制诸如宗教、传统或风俗等创造和转化的其他形式的人类财富不同。	[美]弗朗西斯·福山.信任—社会美德与创造经济繁荣 [M].李婉容,译.呼和浩特市：远方出版社,1998:34.	[美]弗朗西斯·福山.信任—社会美德与创造经济繁荣 [M].李婉容,译.呼和浩特市：远方出版社,1998:34.
21	弗朗西斯·福山（Francis Fukuyama）	社会资本可以简单地定义为一个群体成员共有的一套非正式的、允许他们之间进行合作的价值观和准则。如果该群体的成员开始期望其他成员的举止行为将会是正当可靠的，那么他们就会相互信任。信任恰如润滑剂，它能使任何一个群体或组织的运转变得更加有效。	弗朗西斯·福山.大分裂—人类本性与社会秩序的重建 [M].刘榜离,等,译.北京：中国社会科学出版社,2002:18.	弗朗西斯·福山.大分裂—人类本性与社会秩序的重建 [M].刘榜离,等,译.北京：中国社会科学出版社,2002:18.

| 22 | 弗朗西斯·福山（Francis Fukuyama） | 社会资本是一种有助于两个或更多个体之间相互合作、可用事例说明（instantaited）的非正式规范。这种规范从两个朋友之间的互惠性规范一直延伸到那些像基督教或儒教之类的复杂而精巧的教条，牵涉的范围十分广泛。它们必须能够用现实人际关系中的具体事例来说明：互惠性规范潜在地（inpotentoal）存在于我跟所有人的交往之中，但它只是当我跟我的朋友交往时才成为现实。就这种定义来说，信任、网络、公民社会以及诸如类似的事物虽同社会资本相关联，但都属于附带现象（epiphenominal），即它们是社会资本的结果，而不是社会资本本身。 | 发表在美国《第三世界季刊》上的文章里，题为《公民社会与发展》 | 曹荣湘.走出囚徒困境：社会资本与制度分析[M].上海：上海三联书店，2003：72. |

23	林南（Nan Lin）	社会资本——作为在市场中期望得到回报的社会关系投资—可以定义为在目的性行动 (purposive action) 中被获取的和 / 或被动员的、嵌入在社会结构中的资源。	Social Capital: A Theory of Social Structure and Action (2001)	林南 . 社会资本——关于社会结构与行动理论 [M]. 张磊 , 译 . 上海：上海人民出版社，2005:28.

参考文献

著 作：

[1] [美] 林南 . 社会资本——关于社会结构与行动的理论 [M]. 张磊，译 . 上海：上海人民出版社，2005.

[2] [澳] Malcolm Waters. 现代社会学理论 [M]. 杨善华，等，译 . 北京：华夏出版社，2000.

[3] [法] 布迪厄 . 文化资本与社会炼金术 [M]. 包亚明，译 . 上海：上海人民出版社，1997.

[4] [美] 弗朗西斯·福山 . 大分裂——人类本性与社会秩序的重建 [M]. 张榜离，等，译 . 北京：中国社会科学出版社，2002.

[5] [美] 弗朗西斯·福山 . 信任：社会美德与创造经济繁荣 [M]. 彭志华，译 . 海口：海南出版社，2001.

[6] [美] 詹姆斯·S. 科尔曼 . 社会理论的基础（上）[M]. 邓方，译 . 北京：社会科学文献出版社，2008.

[7] [美] 詹姆斯·S. 科尔曼 . 社会理论的基础（下）[M].

邓方，译．北京：社会科学文献出版社，2008.

[8] [美] 詹姆斯·S. 科尔曼．社会理论的基础 [M].北京：社会科学文献出版社，1999.

[9] 燕继荣．投资社会资本——政治发展的一种新维度 [M].北京：北京大学出版社，2006.

[10] [法] 布尔迪厄，[美] 华康德．实践与反思——反思社会学导论 [M].李猛，译．北京：中央文献出版社，1998.

[11] [法] 皮埃尔·布迪厄．实践感 [M].蒋梓骅，译．南京：译林出版社，2003.

[12] [美] 罗伯特·D. 帕特南．使民主运转起来——现代意大利的公民传统 [M].王列，赖海榕，译．北京：中国人民大学出版社，2014.

[13] [美] 曼瑟尔·奥尔森．集体行动的逻辑 [M].陈郁，郭宇峰，李崇新，译．上海：格致出版社，2018.

[14] [美] 罗纳德·伯特．结构洞——竞争的社会结构 [M].上海：格致出版社，2008.

[15] [英] 吉登斯．社会的构成 [M].李康，李猛，译．北京：三联书店，1998.

[16] 包亚明．布尔迪厄访谈录——文化资本与社会炼金术 [M].上海：上海人民出版社，1997.

[17] 卜长莉．社会资本与社会和谐 [M]．北京：社会科学文献出版社，2005．

[18] 曹荣湘．走出囚徒困境——社会资本与制度分析 [M]．上海：三联书店，2003．

[19] 高宣扬．布迪厄的社会资本理论 [M]．上海：同济大学出版社，2004．

[20] 贾春增．外国社会学史 [M]．北京：中国人民大学出版社，2005．

[21] 简·雅各布斯．美国大城市的死与生 [M]．金衡山，译．南京：译林出版社，2008．

[22] 李惠斌、杨雪冬编．社会资本与社会发展 [M]．北京：社会科学文献出版社，2000．

[23] 刘少杰．国外社会学理论 [M]．北京：高等教育出版社，2006．

[24] 罗纳德·伯特．结构洞：竞争的社会结构 [M]．任敏，李璐，林虹，译．上海：人民出版社，1992．

[25] 马克思．资本论 [M]．北京：中国社会科学出版社，1983．

[26] 杨善华，谢立忠．西方社会学理论下卷 [M]．北京：北京大学出版社，2006．

[27] 张其仔. 社会资本论——社会资本与经济增长 [M]. 北京：社会科学文献出版社，1997.

[28] 郑航生主编. 社会学概论新修（第三版）[M]. 北京：中国人民大学出版社，2002.

[29] 朱国宏. 经济社会学 [M]. 上海：复旦大学出版社，2003.

[30] [美] 罗伯特·K. 黑顿. 社会理论和社会结构 [M]. 唐少杰，齐心 , 译. 南京：译林出版社，2015.

[31] James. S. Coleman. The Foundations of Social Theory[M]. Cambridge, MA: Belknap Press of Harvard University Press, 1990.

[32] Pierre Bourdieu, P. Outline of a Theory of Practice [M]. Cambridge: Cambridge University Press, 1977.

[33] Anthony Giddens. Central Problems in Social Theory [M]. London: Macmillan Education, 1979.

[34] Anthony Giddens. New Rules of Sociological Method [M]. London: Hutchinson, 1976.

[35] Bourdieu P.. Waequant L. J. D., An Invitation to Reflexive Sociology [M]. Chicago: Chicago University of Chicago Press, 1992.

[36] Bruce, Steve (ed.). Choice and Religion: A Critique of Rational Choice[M]. Oxford: Oxford University Press, 1999.

[37] Coleman J. S. Individual Interests and Collective Action Cambridge [M]. Cambridge University Press, 1986 .

[38] Coleman J. S.. Foundations of Social Theory[M]. Cambridge, MA: Harvard University Press, 1990.

[39] Fukuyama F.. Trust: The Social Virtues and the Creation of Prosperity[M]. New York: Free Press, 1995.

[40] James. S. Coleman. Social Capital in the Creation of Human Capital[M]. American Journal of Sociology, 1988.

[41] Lin Nan , Cook K., Burt R. S. Social Capital: Theory and Research[M]. NY : Aldine -de Gruyter , 2001.

[42] Lin Nan. Social Capital:A Theory of Social Structure and Action[M]. Cambridge University Press, 2001.

[43] Robet king Merton Social Theory and Social Structure [M]. New York: Free Press, 1968.

[44] Pierre Bourdieu, P. Sociology in Question [M]. Nice, R.（trans. ）. London: Sage, 1993.

[45] Pierre Bourdieu, P. The Forms of Capital [M] , Nice,

R. (trans.) . In Richardson, J. (ed.) , Handbook of Theory and Research for the Sociology of Education. Westport: Greenwood Press, 1986.

[46] Pierre Bourdieu, Distinction a Social Critique of the Judgment of Taste, Cambridge Mass: Harvard Uni-versity Press, 1984.

[47] Pierre Bourdieu, P. The Logic of Practice [M]. Nice, R. (trans.). Cambridge: Polity Press, 1990.

[48] Pierre Bourdieu. Raisons pratiques[M]. Paris: Editions du Seuil, 1994.

[49] Portes A.. Economic Sociology and the Sociology of Immigration: A Conceptual Overview, The Economic Sociology of Immigration [M]. New York: Russell Sage Foundation, 1995.

[50] Putnam R. D.. Making Democracy Work: Civic Traditions in Modern Italy[M]. Princeton: Princeton University Press, 1993.

[51] Robert D Putnam. Bowling Alone:America's Declining Social[J]. Journal of Democracy, 1995(6).

期刊：

[1] 刘少杰. 以行动与结构互动为基础的社会资本研究——评林南社会资本理论的方法原则和理论视野 [J]. 国外社会科学，2004(2).

[2] [德] M. 鲍尔曼. 作为社会事实的权利与规范——评科尔曼的社会理论基础 [J]. 国外社会科学，1994(03).

[3] [美] 林南. 社会网络与地位获得 [J]. 俞弘强，译. 马克思主义与现实，2003(02).

[4] [美] 托马斯·福特·布朗. 社会资本理论综述 [J]. 木子西，编译. 马克思主义理论与现实，2002(2).

[5] 安民兵. 社会资本：共识与争议 [J]. 广西社会科学，2004(10).

[6] 安然，王洛忠. 新名词下的旧观点——评福山的社会资本理论 [J]. 学术界，2000(05).

[7] 白小瑜. 从社会网络的"洞"中获利 [J]. 重庆邮电大学学报（社会科学版），2009(21).

[8] 边燕杰，孙宇，李颖晖. 论社会资本的累积效应 [J]. 学术界，2018(5).

[9] 边燕杰，张磊. 论关系文化与关系社会资本 [J]. 人文杂志，2013(1).

[10] 边燕杰 . 人际社会网络对普遍信任的正负效应——从国际比较探索中国模式 [J]. 开放时代，2023(6).

[11] 边燕杰 . 社会资本研究 [J]. 学习与探索 , 2006(2).

[12] 卜长莉，管树侠 . 评福山的社会资本观 [J]. 长春理工大学学报 (社会科学版)，2004, 17(1).

[13] 卜长莉 . 社会资本的负效应 [J]. 学习与探索 , 2006(3).

[14] 蔡起华，朱玉春 . 社会资本、收入差距对村庄集体行动的影响——以三省区农户参与小型农田水利设施维护为例 [J]. 公共管理学报，2016,13(4).

[15] 曹沛霖 . 社会资本：一种解释社会的理论工具 [J]. 探索与争鸣，2003(08).

[16] 曹永辉 . 社会资本理论及其发展脉络 [J]. 中国流通经济 , 2013, 27(06).

[17] 曾璨，陈宏军 . 社会资本理论研究综述 [J]. 铜陵学院学报，2007(04).

[18] 常桂祥，傅蓉 . 布尔迪厄、科尔曼和帕特南的社会资本理论比较分析 [J]. 中共济南市委党校学报，2021(02).

[19] 陈静，田甜 . 集体行动逻辑、社会资本嵌入与农户合作供给——基于静／动博弈模型分析 [J]. 西部经济管理论坛，2019(2).

[20] 陈柳钦. 社会资本及其主要理论研究观点综述 [J]. 东方论坛，2007(03).

[21] 陈柳钦. 资本研究的新视野：社会资本研究的综述 [J]. 云南财经大学学报，2007(04).

[22] 陈笒. 社会资本理论与马克思社会关系理论研究 [J]. 社科纵横 (新理论版)，2009, 24(01).

[23] 陈宇秦. 社会资本理论研究的局限及应注意的问题 [J]. 重庆工商大学学报 (社会科学版)，2006(03).

[24] 戴萍萍. 社会资本理论综述 [J]. 科技信息 (科学教研)，2007(15).

[25] 董明. 理性的社会选择何以可能 ?——简评科尔曼理性选择理论 [J]. 湖北行政学院学报，2004(06).

[26] 段星吉，鲁逸楠，胡家旻. 社会资本测量研究综述 [J]. 湖北经济学院学报 (人文社会科学版)，2019, 16(10).

[27] 顿朝晖，潘克勤. 社会资本理论的发展与评述 [J]. 河南商业高等专科学校学报，2009, 22(01).

[28] 范斌. 合作互利：关于社会资本理论假设前提的分析和思考 [J]. 华东理工大学学报 (社会科学版)，2001(04).

[29] 方莉琳. 林南的社会资本理论及其中国适用性——读《社会资本：关于社会结构与行动的理论》[J]. 群文天地，

2012(17).

[30] 封莹. 文化视域中的社会分层——布迪厄的文化分层理论述评 [J]. 山东农业大学学报 (社会科学版)，2018, 20(03).

[31] 高静美，郭劲光. 社会资本 : 理论回顾与本土研究 [J]. 石家庄学院学报，2010, 12(04).

[32] 高连克. 论科尔曼的社会资本理论 [J]. 北华大学学报 (社会科学版)，2005(02).

[33] 高明，姜超. 社会资本研究综述 : 概念、划分方式和经典理论 [J]. 现代经济信息，2010(22).

[34] 宫留记. 布迪厄的社会实践理论 [J]. 理论探讨，2008(06).

[35] 龚晓，王海全. 转型与社会资本理论综述 [J]. 经济经纬，2006(02).

[36] 郭毅，朱扬帆，朱熹. 人际关系互动与社会结构网络化——社会资本理论的建构基础 [J]. 社会科学，2003(08).

[37] 何君安. 社会资本理论若干问题的再探讨 [J]. 西北大学学报 (哲学社会科学版)，2007(04).

[38] 贺琛，鲁逸楠，付文婷. 社会资本研究综述 [J]. 湖北经济学院学报（人文社会科学版），2018, 15(07).

[39] 胡涤非．农村社会资本的结构及其测量——对帕特南社会资本理论的经验研究 [J]．武汉大学学报（哲学社会科学版），2011, 64(04).

[40] 黄其松．社会资本：科尔曼与帕特南的比较 [J]．云南行政学院学报，2007(06).

[41] 黄锐．社会资本理论研究综述 [J]．首都经济贸易大学学报，2007(06).

[42] 黄晓波．西方"社会资本"概念综述 [J]．理论界，2006(07).

[43] 季春梅，范国睿．社会资本：教育治理的行动逻辑 [J]．南京社会科学，2018(6).

[44] 贾鼎．关于社会资本研究视角的若干思考 [J]．河北学刊，2014, 34(01).

[45] 李东旭．社会资本理论研究综述 [J]．世纪桥，2010(11).

[46] 李黎明，许珂．中国城市居民的社会资本与收入差距——从社会资本正、负效应再探讨 [J]．西安交通大学学报（社会科学版），2017, 37(2).

[47] 李石．解释力：基于社会资本的范式研究 [J]．苏州大学学报（哲学社会科学版），2012, 33(06).

[48] 李时敏．社会资本理论及其信任观 [J]. 重庆电子工程职业学院学报，2011, 20(Z1).

[49] 李耀锋，吴海艳．一种开放的社会理论新思维——科尔曼的法人行动理论新探 [J]. 国外社会科学版，2009(6).

[50] 梁德阔．社会资本理论对社会学方法论二元对立的消解 [J]. 安徽大学学报（哲学社会科学版），2007(06).

[51] 梁健．简评社会资本理论的研究方法与假设 [J]. 南华大学学报 (社会科学版)，2007(03).

[52] 林克雷，李全生．广义资本和社会分层——布迪厄的资本理论解读 [J]. 烟台大学学报 (哲学社会科学版)，2007(04).

[53] 林南，牛喜霞．资本理论的社会学转向 [J]. 社会，2003(07).

[54] 刘国亮．社会资本与经济增长关系的理论研究综述 [J]. 产业经济评论，2004, 3(02).

[55] 刘宏伟．精英群体社会资本的负效应及其制约 [J]. 新疆社会科学，2017(1).

[56] 刘敏，奂平清．论社会资本理论研究的拓展及问题 [J]. 甘肃社会科学 , 2003(05).

[57] 刘青，刘刚．中观层面的社会权威理论——对科尔

曼权威理论的阐释与借鉴 [J]. 海南大学学报人文社会科学版，2016,34(1).

[58] 刘志洪. 当代资本的逻辑嬗变 [J]. 现代哲学，2019(5).

[59] 娄缤元，夏建中. 从个人到社会：社会资本理论研究取向的转变 [J]. 新视野，2013(05).

[60] 陆婷婷. 结构洞：关系的制胜点 [J]. 三峡大学学报（人文社会科学版），2007(29).

[61] 梅锦萍. 社会资本：现实功能和理论意涵 [J]. 学术交流，2010(12).

[62] 缪晓雷，杨珅，边燕杰. 互联网时代的社会资本——网名与非网民比较 [J]. 社会学研究，2023,38(3).

[63] 聂磊. "结构洞" 理论分析——解析《结构洞：竞争的社会结构》[J]. 群文天地，2011(16).

[64] 牛喜霞，邱靖. 社会资本及其测量的研究综述 [J]. 理论与现代化，2014(03).

[65] 潘敏. 信任问题——以社会资本理论为视角的探讨 [J]. 浙江社会科学，2007(02).

[66] 庞立生. 布迪厄与马克思：社会实践理论的契合与分野 [J]. 东北师大学报（哲学社会科学版），2010(04).

[67] 彭春燕. 社会资本理论探析 [J]. 商，2013(16).

[68] 秦琴. 对社会资本理论的系统论整理 [J]. 社会科学辑刊，2005(06).

[69] 申森. 西方社会资本理论与马克思的社会关系理论——种比较研究的视角 [J]. 沈阳大学学报，2011,23(03).

[70] 盛亚，范栋梁. 结构洞分类理论及其在创新网络中的应用 [J]. 科学学研究，2009(27).

[71] 施磊磊. 断裂的消弭：理性行动对二元区隔的超越——读科尔曼《社会理论的基础》[J]. 安徽工业大学学报（社会科学版），2012,29(06).

[72] 史振华，卢燕平. 社会资本的社会学理论渊源 [J]. 改革与战略，2011, 27(04).

[73] 宋健，刘艳. 社会资本的思想渊源及理论发展 [J]. 经济研究参考，2014(12).

[74] 宋菁，顾伟. 嵌入社会网络结构的社会资本理论——对林南《社会资本》理论的梳理 [J]. 法制与社会，2011(01).

[75] 宋秀波. 关于科尔曼社会资本理论的解读 [J]. 社科纵横（新理论版），2011, 26(02).

[76] 宋祖豪. 帕特南社会资本理论本土化的路径思考

[J]. 现代商贸工业，2021, 42(27).

[77] 孙立新，刘志祥，黄晓芬. 社会资本的理论基础与测量方法研究 [J]. 商业时代，2013(01).

[78] 汤美芳. 社会资本对创造性人力资本形成的负效应 [J]. 中共浙江省委党校学报，2006(6).

[79] 田凯. 科尔曼的社会资本理论及其局限 [J]. 社会科学研究，2001(01).

[80] 童红梅. 社会资本浅议 [J]. 晋阳学刊，2004(01).

[81] 汪永涛，荣娥. 社会资本概念综述 [J]. 法制与社会，2007(03).

[82] 王丹丹. 社会资本理论主要研究议题的共识及争论焦点 [J]. 经济研究导刊，2007(08).

[83] 王贺椿，郝甜甜. 科尔曼和帕特南社会资本理论比较研究 [J]. 学理论，2011(29).

[84] 王恒彦. 社会资本对教育的影响作用研究综述 [J]. 湖北工程学院学报，2013, 33(01).

[85] 王宁. 个体主义与整体主义对立的新思考——社会研究方法论的基本问题之一 [J]. 中山大学学报，2002(2).

[86] 王婷菲. 社会资本理论综述 [J]. 经济视角（下）. 2011(05).

[87] 王雨磊. 论社会资本的社会性——布迪厄社会资本理论的再澄清与再阐释 [J]. 南京师大学报 (社会科学版)，2015(01).

[88] 吴海琳. 社会资本理论的局限与超越 [J]. 广西社会科学，2006(12).

[89] 吴江 , 黄晶. 社会资本理论剖析 [J]. 理论学刊，2004 (05).

[90] 吴军 , 夏建中. 国外社会资本理论 : 历史脉络与前沿动态 [J]. 学术界，2012(08).

[91] 夏建中. 社会为中心的社会资本理论及其测量 [J]. 教学与研究，2007(09).

[92] 徐大慰. 社会资本理论的方法论价值 [J]. 生产力研究，2007(23).

[93] 徐德忠. 文化资源的资本化路径与投资 [J]. 科学 . 经济 . 社会，2014,32(135).

[94] 杨伯坚. 社会资本理论研究的演进评述 [J]. 河南师范大学学报 (哲学社会科学版)，2012, 39(04).

[95] 杨东柱. 帕特南的社会资本理论解析 [J]. 理论界，2017(04).

[96] 杨鹏鹏 , 万迪昉 , 王廷丽. 企业家社会资本及其与

企业绩效的关系——研究综述与理论分析框架 [J]. 当代经济科学，2005(04).

[97] 叶国文. 社会资本及其局限 [J]. 广西民族学院学报 (哲学社会科学版)，2004(04).

[98] 殷德生. 社会资本与经济发展：一个理论综述 [J]. 南京社会科学，2001(07).

[99] 于海. 从微观行动到宏观系统——读科尔曼《社会理论的基础》[J]. 社会，1998(5).

[100] 张方华. 社会资本理论研究综述 [J]. 江苏科技大学学报 (社会科学版)，2005(04).

[101] 张锋，王娇. 对伯特结构洞理论的应用评析 [J]. 江苏教育学院学报 (社会科学)，2011, 27(5).

[102] 张鸿飞，胡丽娜. 马克斯和韦伯和科尔曼的社会行动理论之比较 [J]. 理论界，2004(1).

[103] 张会芸. 社会资本的文化主义转向及其困境——以罗伯特·帕特南的理论为例 [J]. 华中科技大学学报 (社会科学版)，2015, 29(01).

[104] 张林，高安刚. 社会资本研究进展综述及展望 [J]. 广西财经学院学报，2011, 24(06).

[105] 张其仔. 社会网与基层经济生活——晋江市西滨

镇跃进村案例研究 [J]. 社会学研究，1993(3).

[106] 张少平. 突破二元对立困境：林南的社会资本理论 [J]. 太原师范学院学报（社会科学版），2009(05).

[107] 张少平. 突破二元对立困境的社会资本理论研究——评林南的社会资本理论的理论视野 [J]. 徐州工程学院学报（社会科学版），2009(05).

[108] 张伟. 罗伯特·普特南的社会资本理论发展及运用 [J]. 法制博览，2016(09).

[109] 张文宏. 社会资本：理论争辩与经验研究 [J]. 社会学研究，2003(04).

[110] 张向东. 传统与现代的冲突——帕特南的社会资本理论简析 [J]. 兰州学刊，2007(02).

[111] 张应祥、丘海雄. 理性选择理论述评 [J]. 中山大学学报，1998(1).

[112] 赵延东，洪岩璧. 网络资源、社会闭合与宏观环境——教育获得中的社会资本研究及发展趋势 [J]. 社会学评论，2013, 1(04).

[113] 赵延东，叶锦涛，何光喜. 突发风险事件中公众对科学家的信任及其影响因素研究 [J]. 中国软科学，2021(7).

[114] 赵延东. 再就业中社会资本的使用——以武汉市

下岗职工为例 [J]. 学习与探索，2006(3).

[115] 赵子祥. 社会资本在经济发展中的重要地位和潜在功能——关于社会资本的社会学研究综述 [J]. 社会科学战线，2003(05).

[116] 郑卉. 信任：一种重要的社会资本——基于福山对信任的研析 [J]. 消费导刊，2008(20).

[117] 郑剑. 社会资本理论及其当下的社会适用性 [J]. 河南社会科学，2012, 20(06).

[118] 郑小鸣. 信任：基于人性的社会资本——福山信任观述评 [J]. 求索，2005(7).

[119] 钟涨宝，黄甲寅，万江红. 社会资本理论述评 [J]. 社会，2001(10).

[120] 周冬霞. 论布迪厄理论的三个概念工具——对实践、惯习、场域概念的解析 [J]. 改革与开放，2010(1).

[121] 周红云. 社会资本：布迪厄、科尔曼和帕特南的比较 [J]. 经济社会体制比较，2003(04).

[122] 周红云. 社会资本理论述评 [J]. 马克思主义与现实，2002(05).

[123] 周娟. 社会资本概念与测量的理论研究综述 [J]. 改革与开放，2010(20).

[124] 周业勤. 从实体到关系：个体主义和整体主义的困境与超越 [J]. 上海大学学报，2004(4).

[125] 周兆安. 社会资本经典理论研究：一个从微观到宏观的分析框架 [J]. 广东青年干部学院学报，2009, 23(02).

[126] 朱依娜. 找回科尔曼：从理性选择理论看其"社会资本"概念 [J]. 甘肃理论学刊，2006(5).

[127] 庄洁."社会资本"理论研究综述 [J]. 发展论坛，2003(01).

[128] 庄渝霞. 社会资本理论的演进及跨域运用 [J]. 国外社会科学前沿，2019(05).

[129] 邹海蓉, 刘辉. 从文化再生产到社会再生产——布迪厄文化资本理论研究述评 [J]. 湖北经济学院学报 (人文社会科学版)，2011, 8(12).

[130] 邹宜斌. 社会资本：理论与实证研究文献综述 [J]. 经济评论，2005(06).

[131] 邹宇春，赵延东. 社会网络如何影响信任？——资源机制与交往机制 [J]. 社会科学战线，2017(5).

[132] Alejandro Portes. Social Capital: Its Origins and Applications in Modern Sociology[J]. Annual Review Sociology, 1998(24).

[133] Coleman J. Social Capital in the Creation of Human Capital[J]. American Journal of Sociology, 1988, 94.

[134] Fukuyama F.. Social Capital and the Global Economy [J]. Foreign Affairs, 1995 (5).

[135] Lin Nan & Mary Dumin. Access to Occupations through Social Ties[J]. Social Networks, 1986 (8).

[136] Paldam M.. Social Capital: One or Many? Definition and Measurement[J]. Journal of Economic Surveys, 2000, 14 (5).

[137] Putnam Rd. The Prosperous Community: Social Capital And Public Life[J]. American. Prospect, 1993 (13).

硕博论文：

[1] 方董平．文化资本的理论与实践研究 [D]. 广西师范大学 , 2010.

[2] 顾慈阳．社会资本理论及其应用研究 [D]. 天津大学 , 2004.

[3] 江术元．从知识到竞争优势———一个社会资本的视角 [D]. 对外经济贸易大学 , 2005.

[4] 吕凯.社会资本理论的应用价值及其局限性分析 [D].东北师范大学，2007.

[5] 曲强.布迪厄社会实践观解读 [D].吉林大学，2012.

[6] 申森.西方社会资本理论及其对我国构建社会主义和谐社会的启示 [D].山东大学，2012.

[7] 宋祖豪.帕特南社会资本理论研究 [D].辽宁师范大学,2021.

[8] 田丽梅.社会资本理论的唯物史观研究 [D].中央民族大学,2007.

[9] 王雅舒.布迪厄的实践观及现实价值 [D].辽宁大学，2012.

[10] 杨宇涵.基于科尔曼社会资本理论的社区网格化治理研究——以淄博市张店区为例 [D].山东理工大学，2018.

[11] 郑剑.社会资本论 [D].辽宁师范大学,2011.

[12] 朱天义.社会资本理论及其在中国的适用性研究 [D].华中师范大学，2014.